無生物主語
他動詞文の
日中対照研究

大規模均衡コーパスと多変量解析を
用いた新たなアプローチ

麻　子軒

関西大学出版部

【本書は関西大学研究成果出版補助金規程による刊行】

目　　次

まえがき……………………………………………………………… 1

第一部　序　論

第1章　研究の背景と概要……………………………………………… 5

  1　研究動機………………………………………………………… 5

  2　研究目的………………………………………………………… 6

  3　研究対象………………………………………………………… 7

  4　調査資料………………………………………………………… 8

  5　用語規定……………………………………………………… 10

  6　本書の構成…………………………………………………… 11

第2章　先行研究…………………………………………………… 13

  1　研究の概観…………………………………………………… 13

  2　文レベルの成立要因………………………………………… 15

    2.1　名詞句階層説…………………………………………… 15

    2.2　他動性説………………………………………………… 17

  3　文章レベルの成立要因……………………………………… 18

  4　本書の立場…………………………………………………… 21

  5　その他の問題点……………………………………………… 21

i

第3章　調査の概要……………………………………………………………… 25

　1　調査対象の規定…………………………………………………………… 25

　　1.1　日本語の場合………………………………………………………… 25

　　1.2　中国語の場合………………………………………………………… 28

　2　調査資料の選定…………………………………………………………… 29

　　2.1　日本語の場合………………………………………………………… 29

　　2.2　中国語の場合………………………………………………………… 31

　3　用例の抽出方法…………………………………………………………… 32

　　3.1　日本語の場合………………………………………………………… 32

　　3.2　中国語の場合………………………………………………………… 38

第二部　文レベルの成立要因

第4章　理論の枠組み……………………………………………………………… 51

　1　連語論的アプローチ……………………………………………………… 51

　2　連語論の適用範囲………………………………………………………… 52

　3　対格名詞のタイプ………………………………………………………… 54

　4　対格名詞が物名詞の場合………………………………………………… 55

　　4.1　主格名詞のタイプ…………………………………………………… 55

　　4.2　動詞のタイプ………………………………………………………… 57

　5　対格名詞が事名詞の場合………………………………………………… 58

　　5.1　主格名詞のタイプ…………………………………………………… 58

　　5.2　動詞のタイプ………………………………………………………… 61

　6　対格名詞が人名詞の場合………………………………………………… 63

　　6.1　主格名詞のタイプ…………………………………………………… 63

　　6.2　動詞のタイプ………………………………………………………… 65

目　次

第5章　対格名詞が物名詞の場合 ……………………………………………… 67

1　集計結果 ………………………………………………………………… 67

2　動詞に対する要因分析………………………………………………… 68

 2.1　日本語の軸 ……………………………………………………… 68

 2.2　中国語の軸 ……………………………………………………… 73

3　主格名詞別に見る結合傾向 ………………………………………… 77

 3.1　自然自律によるもの …………………………………………… 77

 3.2　物質自律によるもの …………………………………………… 78

 3.3　機械自律と機械他律によるもの……………………………… 79

 3.4　身体自律と身体他律によるもの……………………………… 81

 3.5　植物自律によるもの …………………………………………… 82

 3.6　道具他律によるもの …………………………………………… 83

4　まとめ…………………………………………………………………… 84

第6章　対格名詞が事名詞の場合 ……………………………………………… 87

1　集計結果 ………………………………………………………………… 87

2　動詞に対する要因分析………………………………………………… 87

 2.1　日本語の軸 ……………………………………………………… 87

 2.2　中国語の軸 ……………………………………………………… 98

3　主格名詞別に見る結合傾向 ………………………………………… 108

 3.1　具体物によるもの ……………………………………………… 108

 3.2　抽象的関係によるもの………………………………………… 111

 3.3　人間活動によるもの…………………………………………… 112

4　まとめ…………………………………………………………………… 115

第7章　対格名詞が人名詞の場合 ……………………………………………… 117

1　集計結果 …………………………………………………………………… 117

2　動詞に対する要因分析 …………………………………………………… 118

   2.1　日本語の軸 ………………………………………………………… 118

   2.2　中国語の軸 ………………………………………………………… 121

3　主格名詞別に見る結合傾向 ……………………………………………… 125

   3.1　具体物によるもの ………………………………………………… 125

   3.2　抽象的関係によるもの …………………………………………… 126

   3.3　人間活動によるもの ……………………………………………… 127

4　まとめ ……………………………………………………………………… 130

第8章　その他の構文に関して ……………………………………………… 133

1　静的描写を表す動詞によるもの ………………………………………… 133

2　機能動詞またはそれに相当する動詞によるもの ……………………… 136

3　所有動詞・心理動詞によるもの ………………………………………… 138

第三部　文章レベルの成立要因

第9章　文章レベルの要因の検討 …………………………………………… 143

1　先行研究の問題点 ………………………………………………………… 143

2　文脈展開機能によるもの ………………………………………………… 146

   2.1　視点統一 …………………………………………………………… 146

   2.2　焦点化 ……………………………………………………………… 148

   2.3　連鎖事象 …………………………………………………………… 149

   2.4　列挙 ………………………………………………………………… 151

目　　次

   3　表現効果によるもの·· 152

      3.1　行為者不在··· 152

      3.2　行為者特定困難··· 154

      3.3　行為者不特定多数··· 156

      3.4　行為者意図性なし··· 157

      3.5　臨場感演出··· 160

   4　まとめ··· 163

第 10 章　ロジスティック回帰分析による日中比較·············· 165

   1　ロジスティック回帰分析 ··· 165

   2　分析データ ··· 166

   3　変数の設定 ··· 168

   4　分析結果と解釈·· 169

      4.1　日本語の場合··· 169

      4.2　中国語の場合··· 179

   5　まとめ··· 184

第四部　結　　論

第 11 章　結論·· 189

   1　本書のまとめ·· 189

      1.1　文レベルの成立要因··· 189

      1.2　文章レベルの成立要因··· 191

   2　今後の課題 ··· 191

あとがき ……………………………………………………………………… 193

参考文献 ……………………………………………………………………… 196

用例出典 ……………………………………………………………………… 197

索引 …………………………………………………………………………… 198

まえがき

　本書は、日本語と中国語における無生物主語他動詞文の成立要因及びその相違を解明する研究である。具体的には、従来注目されてこなかった名詞と動詞の組み合わせに着目し、連語論的アプローチを用いることで、文レベル及び文章レベルでの緻密な考察を行っている。また、日本語と中国語のコーパスから収集された豊富な用例を基に、コレスポンデンス分析などの多変量解析を駆使し、両言語間の特徴的なパターンや類似点を把握した。特に、統計的手法を取り入れた本書の方法論においては、対格名詞がそれぞれ物名詞・事名詞・人名詞の場合の成立要因について具体的な洞察が示されており、これは、内省では発見しにくい知見を得る上で、有効なアプローチであると考えられる。

　本書の最も大きな特徴は、日本語と中国語の無生物主語他動詞文の研究に新たな「視点」と「方法論」を提供している点である。

　第一の「視点」は、主に先行研究の補完と発展に対して述べたものである。従来の無生物主語他動詞文に関する研究では、名詞を中心に分析した「名詞句階層説」と、動詞を中心に分析した「他動性説」という2つのアプローチが主に採用されてきた。しかし、本書ではこれらのアプローチの問題点を補うため、連語論的アプローチを導入している。このアプローチは、名詞と動詞の関係性を考慮し、日本語と中国語の無生物主語他動詞文の成立要因を包括的に分析するものである。先行研究では、名詞と動詞のどちらか一方に注目する方法が採られてきたが、本書で用いられた連語論的アプローチは、名詞と動詞の組み合わせに着目し、両者を同時に分析することができた。この新たな視点により、日本語と中国語の無生物主語他動詞文の異同をより具体的かつ明確に分析することが可能となった。

　第二の「方法論」は、対照研究への新たな研究方法の提示を指すもので

ある。これまでの対照研究は、対訳コーパスから抽出されたペアとなる用例に基づく特徴の比較・類型化や、内省を用いた作例での議論が主流であった。しかし、これらの方法では言語構造の違いから訳しにくい問題や、訳者と研究者のバイアスが介入する問題があるため、観察された例に偏りが生じることがある。このように、従来の対訳コーパスなどを用いたアプローチでは、用例の対応関係は整理できるものの、言語間の根本的な原理の違いを明確にし、体系的に観察することは難しいという課題が存在している。本書では、用例の偏りなどのバイアスを除去するために、言語使用実態を前提とした日本語と中国語の大規模コーパスを調査対象とし、さらに、対照される言語体系の両方の原理をそれぞれ観察できる統計的手法という新たな方法を取り入れている。この方法論では、構造が異なる言語であっても、両言語のどちらにも存在する関連の変数を設定することにより、共通の枠組みでの比較が可能となる。また、言語間の違いをパラメータやグラフで可視化し、異なる言語的構造を持つ2つの言語に対する規則性の発見が容易になるというメリットもある。具体的には、コレスポンデンス分析とロジスティック回帰分析という多変量解析の手法を採用し、内省では気づきにくい法則性を統計的に解明している。その結果、文法などの抽象的な概念を客観的に測定することに成功し、日本語と中国語に限らず、他言語の対照研究への応用も可能な新たな方法論を提示できた。なお、この方法は、特にビッグデータやAIの進展を背景にした時代に適応可能な方法論として注目される可能性がある。

　以上に述べたように、本書の最大の特徴である「視点」と「方法論」は、従来の研究を補完し、新たな可能性を開拓している。これは、本書が関連分野に提供できる細やかながらも重要な意義であると考えられる。この点を意識しながら、本書を読んでいただければ幸いである。

第一部

序　論

第1章　研究の背景と概要

1　研究動機

　日本語と中国語の両言語においては、(1)(2)に挙げたような、無生物名詞が他動詞文の主語となる構文（以下、「無生物主語他動詞文」とする）が存在する。

　(1)　砂塵が空を覆った。（中津文彦『塙保己一推理帖』）
　(2)　沙塵覆蓋了天空。（筆者訳）

　外山(1973)、金田一(1981)、石綿・高田(1990)によると、このような無生物主語他動詞文は日本語と中国語において、英語と比べて成立しにくいとされている。しかし、角田(1991)、熊(2009)で指摘されているように、特定の条件が揃えば、無生物主語他動詞文が成立しやすくなることがある。

　さらに、無生物主語他動詞文には、(1)(2)のように、日本語と中国語の両方で成立するパターンと、(3)(4)・(5)(6)のように、一方のみで成立するパターンがある。したがって、日本語と中国語における無生物主語他動詞文の成立メカニズムは、それぞれ異なると考えられる。

　(3)　? 鍵がドアを開けた。（熊　2009：162）
　(4)　鑰匙打開了門。（筆者訳）
　(5)　風が音を立てる。（山崎玲子『もうひとつのピアノ』）
　(6)　? 風發出聲音。（筆者訳）

2 研究目的

前節の背景を踏まえ、本書では日本語と中国語における無生物主語他動詞文を比較し、その成立要因と異同を明らかにすることを目的とする。この問題はこれまで、主に文レベル[1]と文章レベル[2]の2つの観点で論じられてきた。

文レベルの要因に関する先行研究では、名詞（主語と目的語）に注目するアプローチと動詞（述語）に注目するアプローチが採られてきた。これにより、名詞と動詞はいずれも無生物主語他動詞文の成立要因として機能していることが明らかになった。しかし、名詞と動詞の両方を同じ枠組みで扱い、この問題にアプローチした研究は見当たらない。本書では、名詞と動詞を同時に扱う連語論的アプローチを採り、日本語と中国語における無生物主語他動詞文の分類を試みる。その上で、量的分布に基づき、コレスポンデンス分析という統計手法を用いて、両言語の無生物主語他動詞文の相違を明らかにする。

文章レベルの要因に関しては、現在までに体系的な研究が見られず、断片的な記述に留まっているのが実情である。本書では、無生物主語他動詞文として表現される事象に対して、有生物主語他動詞文、無生物主語受身文、無生物主語自動詞文といった他の選択肢との互換性に焦点を当て、文章レベルでの無生物主語他動詞文の成立要因を検討する。また、文レベルと文章レベルでの要因がどのように関連しているかも解明することを目指す。

---

1 前後の文脈を考えずに、無生物主語他動詞文を構成する主語・目的語・述語といった要素のみに注目することを指す。先行研究（熊 2009）では「単文レベル」という用語が用いられたが、これが連体節や連用節などの「複文レベル」と対立する概念と誤解される可能性があるため、本書では「文レベル」という用語を使用することに変更している。
2 先行研究（熊 2009）から援用した用語である。ここでの「文章レベル」とは、無生物主語他動詞文の成立要因を探る際に、その文の前後にある文脈も考慮に入れることを意味している。

第1章 研究の背景と概要

3 研究対象

　本書の調査対象となる無生物主語他動詞文とは、以下のものである。日本語では、「砂塵が空を覆う」のような「X（主格名詞）＋ガ（格助詞）＋Y（対格名詞）＋ヲ（格助詞）＋Z（他動詞）」という文構造を指す。ただし、「<u>重い</u>病気が彼女を襲う」「奇跡が彼を信じ<u>させる</u>」など、名詞に連体修飾成分が付加される場合や、動詞に有標のヴォイス形式が付く場合は、これらが他動性に影響を与えるため、除外する。さらに、「自転車が鈴を<u>鳴らして行く</u>」のように、他動詞文が連用節となっている例は、係り受けの認定が困難であることがあるため、調査対象外とする。なお、「<u>金属が布を切り裂く</u>音」のように、連体節に位置する他動詞文は調査対象に含む。

　中国語では、「枝葉遮住陽光（訳：枝葉が日差しを遮る）」のような「X（主格名詞）＋Z（他動詞）＋Y（対格名詞）」という文構造を調査対象とする。注意すべき点は、「來（訳：来る）」「去（訳：行く）」など、存在・出現・消失を表す意味を持つ動詞が述語になる場合である。これらの文は表面上他動詞文に見えるが、実際には最初に来る名詞が動詞に対して主格という格関係を成さないため、意味的には倒置主語文とされる自動詞文の一種である。例えば、「教室來了學生（訳：教室に学生が来る）」では、最初の名詞「教室」は主格ではなく、意味的に場所を示すため、他動詞文に属さず、本書の調査対象からは除外される。なお、中国語の例でも、名詞に連体修飾成分が付加されるものや、動詞に有標のヴォイス形式が付くものは、日本語の条件と一致させるために除外する。

　また、第二部「文レベルの成立要因」に関する調査では、対格名詞が「物名詞」である具体的な描写と、対格名詞が「人名詞・事名詞」である抽象的な描写の両方を対象にするが、第三部「文章レベルの成立要因」については、対格名詞が「物名詞」である具体的な描写に調査対象を限定する[3]。その理由は、言語の変化が一般的に具体的なものから抽象的なものへ

3　第4章の注4で述べるように、対格名詞が「人」であっても、物理的な働きかけを与えることのできる具体物であれば「物名詞」として扱う。

と進む傾向があり、文レベルと文章レベルの要因の関係を検討する際に、まずは基本となる具体的な描写を共通の枠組みとして扱いたいからである。

最後に、本書で調査対象とする文構造は、日本語でも中国語でも、主格名詞・対格名詞・他動詞の結びつきの間に他の補語相当成分が介在していないものに限定される。その理由は、日本語と中国語の構造の違いにより、他の補語相当成分が介在すると、片方の言語の構造に依存する要因が出現し、適切な対照研究が行いにくくなる可能性があるためである。

4　調査資料

本書では、日本語と中国語の用例をそれぞれの大規模均衡コーパスから抽出して分析する。日本語については、国立国語研究所によって構築された「現代日本語書き言葉均衡コーパス Ver1.1（以下、「BCCWJ」とする）」を使用する。BCCWJ は、現代日本語の書き言葉の全体像を把握するために構築されたコーパスであり、書籍、雑誌、新聞、白書、ブログ、ネット掲示板、教科書、法律など多岐にわたるジャンルから抽出された約 1 億430 万語を収めている。その収録対象の刊行年代は 1976〜2005 年である。

中国語については、台湾の中央研究院によって構築された「現代漢語平衡語料庫 Ver3.0（以下、「SINICA」とする）」を調査資料とする。SINICAも BCCWJ と同様に、実際の言語使用実態を反映するために作られた均衡コーパスであり、約 520 万詞（中国語の単語に相当する）を収録している。その内容は 1981〜2007 年の文章であり、サブコーパスには新聞、雑誌、書籍などが含まれている。

第 3 章で詳述するが、本書の主な目的は、両言語の使用実態を比較することであるため、原則としてすべてのサブコーパスを検索対象に含める。両コーパスはいずれも均衡コーパスで、両言語の使用実態を比較する上で

第 1 章　研究の背景と概要

問題はないと考えられる[4]。ただし、文レベルの要因を調査する際に対格名詞が「物名詞」であるケースでは、用例数が多いことから、日本語と中国語の検索を書籍類に限定する。また、本書の調査対象に翻訳文が含まれているが、本書では西欧など翻訳調の影響を受けた文体も日本語の一部として扱うべきだという立場を採用する。したがって、抽象的な言語体系であるラングとしての日本語ではなく、実際の言語使用を反映したパロールの側面、すなわち生きた日本語の使用状況を観察する。この方針は、中国語の用例収集についても同様である。

　その他、BCCWJ と SINICA を選定する理由は以下の 3 点にある。1 点目は、これらのコーパスに収録されている資料の刊行年代が近いため、共時的な対照研究に適している。2 点目は、形態素解析が施されているため、検索の精度が向上する。3 点目は、著者や出版年月などの詳細なメタデータがタグ付けされており、後処理が容易に行える。なお、用例の抽出は、BCCWJ と SINICA に対して、いずれも自作の Perl プログラムを用いて行う。

　大規模コーパスを使用する背景には、用例の量的分布を基に統計手法を用いて傾向を分析したいという目的がある。これまでの研究からも明らかなように、無生物主語他動詞文の成立要因は多岐にわたり複雑である。大量の変数を含む状況では、限られた用例の分析だけでは要因となる変数を特定するのは効率が悪く、全体像の把握も困難である。しかし、コーパスを用いて多数の用例を収集すれば、特に重要な変数が明らかになる可能性が高くなる。また、特定の統計手法を用いることで、これらの要因を視覚的に示し、結果の観察を容易にすることができる。以上の理由から、本書では大規模コーパスを利用することにしたわけである。

4　例えば、BCCWJ の書籍については、出版された書籍の推定総文字数と日本十進分類法（NDC）との関係に基づき母集団が選定されているなど、各サブコーパスのサンプリングには統計的根拠がある。

9

5 用語規定

本節では、本書において特に重要な用語を詳しく定義する。ここでは、「無生物」「主語」「他動詞」という3つの語について述べる。

まず、「無生物[5]」とは、人や動物でないものを示す言葉であり、「有生物」の反対概念である。『分類語彙表』（国立国語研究所 2004）の部門で言うならば、「抽象的関係」「人間活動―精神及び行為」「生産物及び用具」「自然物及び自然現象」に属するものが無生物に該当する。ただし、「自然物及び自然現象」の下位分類にある「生物」「動物」という中項目は有生物に属する。中国語には『分類語彙表』のような厳密な分類体系を示すシソーラスは存在しないが、日本語と中国語の意味に対する分類や判断基準が大きく異なることはないと考えられるため、中国語における無生物も日本語と同様の基準で定義する。なお、本定義では植物も無生物に含まれる[6]。ここで断っておきたいのは、「アメリカ」「東京」のような国名・地名や、「大学」「共産党」のような組織名など、いわゆる集合名詞に該当するものは、先行研究では無生物に分類されることもあるが、本書ではこれらを人間の集合体と見なし、無生物とは認めないため、調査対象から除外する。

次に、日本語における「主語」については、「主格」という類似の用語が存在する。しかし、角田（1991）によると、主語は名詞などが文中でどのような役目をするかを表す「文法機能レベル」の概念であり、一方で主格は名詞などに現れる、または付けられる形を表す「格レベル」の概念であるため、両者は異なるレベルの事象を指す。過去の研究では、無生物主語他動詞文の構成要素は「主語」「目的語」などの文法機能レベルの用語で記述されていたが、第4章で詳述するように、本書で取り入れる連語論

---

5 このような問題を扱うにあたり、「無生物」ではなく「非情物」という用語を用いるべきだと主張する研究もある（かねこ 1990）が、本書では熊（2009）に従い、日中比較の文脈でより一般的な「無生物」という用語を採用することにする。

6 角田（1991）によると、植物は生物学的には生き物と見なされるかもしれないが、文法現象を扱う際には、無生物と同様の特徴を示すことが多い。そのため、文法的な議論においては、植物を通常、無生物として扱う。

的アプローチという理論は、主語や目的語のような文法機能レベルの概念を扱うものではないため、「主格名詞」「対格名詞」といった格レベルの用語を使用する。主語と主格名詞は厳密には同一ではないこともあるが、本書の対象とする他動詞文の用例は、主語が主格で示された「X ガ Y ヲ Z」形式に限定されるため、実質的には同じものを指すことになり、記述上の矛盾は生じない。中国語においても、基本的には日本語と同様に、主語となるものを「主格名詞」と記述する。

　最後に、本書における日本語の「他動詞」に関する規定は、奥津（1967）に従い、原則として「ヲ格」を取る動詞と定義する。ただし、「走る」「通る」のような移動動詞や、「出る」「離れる」のような離脱動詞が取る「ヲ格」は対格ではないため、これらは他動詞ではなく自動詞と見なす。一方、中国語における「他動詞」の定義は、趙（1979）に従い、原則として目的語を取る動詞とする。ただし、「來（訳：来る）」「去（訳：行く）」のように目的語を取るものの、存在・出現・消失の意味合いを持つものは自動詞と認めることにする。

6　本書の構成

　本書は 4 部 11 章で構成されている。第一部は第 1 章～第 3 章からなる。第 1 章では、研究動機や研究対象など、本書の位置付けについて述べる。第 2 章では先行研究を取り上げ、無生物主語他動詞文の研究の概観と、それを説明する理論についての文献を要約し紹介する。第 3 章では、調査対象、資料、用例収集の手順などについて記述する。

　第二部と第三部は第 4 章～第 10 章で構成され、本書の中核を成す。第二部の第 4 章～第 8 章は、文レベルの要因を扱う。これらの章では、コーパスから抽出した用例を連語論的アプローチで分類し、コレスポンデンス分析という統計手法を用いて、日本語と中国語における無生物主語他動詞文の違いを解明する。

　第三部の第 9 章～第 10 章は、文レベルでは扱えない文章レベルの要因

に焦点を当てる。これは「文脈展開機能」と「表現効果」の2つに分けて論じる。第9章では、無生物主語他動詞文で表現される事象を、「有生物主語他動詞文」「無生物主語受身文」「無生物主語自動詞文」と比較し、選択条件に焦点を当てて分析する。第10章では、ロジスティック回帰分析という統計手法を用いて、文章レベルの要因を日本語と中国語の間で比較し、無生物主語他動詞文の成立に寄与する要因を検討する。

最終的に、第四部の第11章で、本書のまとめと今後の課題を扱う。

第2章　先行研究

　無生物主語他動詞文に関する先行研究は、主に文レベルと文章レベルの2つの観点で論じられてきた。文レベルにおいては、「名詞句階層説」と「他動性説」の2つの方向性に分けられる。本章では、まず無生物主語他動詞文に関するこれまでの研究の流れを概観する。その後、文レベルでの「名詞句階層説」と「他動性説」について、そして文章レベルで考察される各種要因とその問題点について詳述していく。

1　研究の概観

　無生物主語他動詞文に関する記述は、早くも外山（1973）、金田一（1981）、石綿・高田（1990）に見られる。外山（1973）によると、日本語において主語は一般に人間や擬人化された存在に限定されており、（1）のような、抽象名詞などの無生物名詞が主語となる文は、通常、日本語では成立しにくいとされ、その理由については、西欧の言語に比べて日本語の比喩が少ないことに起因していると説明されている。

　（1）？明日が彼女に幸せをもたらす。（外山 1973：26）

　金田一（1981）は、日本語では昔から、無生物が主語となる場合に受身・使役・他動詞を用いることは原則的に避けられ、また、（2）（3）の用例を挙げ、英語と比べて日本語の他動詞文の場合は、無生物名詞が主語になると使いにくく、比較的新しい表現のように感じられると述べている。

　（2）？風が私の心を悲しませる。（金田一 1981：209）
　（3）？何が彼女をそうさせたか。（金田一 1981：209）

次に、石綿・高田（1990）の考察によれば、英語やフランス語などヨーロッパの諸言語では、人間でないもの、生物でないものが他動詞文の主語になることは珍しくないのに対し、日本語では（4）のような表現は通常用いられないとされ、他動詞文の主語としては人間が一般的であると指摘されている。

（4）？爆発が彼を目覚めさせた。（石綿・高田　1990：105）

　石綿・高田（1990）はさらに用例を挙げ、ヨーロッパ言語における無生物名詞を用いた他動表現は（5）の直訳のように、抽象名詞が直接「主語」として現れるのに対し、日本語では（6）のように、「原因」「理由」として格助詞「で」を伴った形で現れることが多いことを明らかにした。

（5）？あの出来事がアマランタを精神錯乱から引き出した[1]。（石綿・高田
　　　1990：106）
（6）この出来事でアマランタは悪い夢からさめた。（石綿・高田　1990：
　　　106）

　その他、石綿・高田（1990）は（7）のような、古代中国語の例を検討し、無生物主語他動詞文が中国語においては珍しい表現ではなく、日本語と中国語が非常に異なる言語であることも指摘している。

（7）陽春召我以煙景、大塊仮我以文章[2]。（李白『春夜宴桃園序』）

　ここまで見てきたように、外山（1973）と金田一（1981）による無生物

1　原文は、「Aquel episodio sacó a Amaranta del delirio.」である。
2　直訳すると、「陽春我をまねくに煙景をもってし、大塊（天地自然）我にかすに文章（美しいもよう）をもってす」のように、無生物主語他動詞文になる。

主語他動詞文の研究は、主に日本語と英語の違いに焦点を当てた断片的な記述であった。石綿・高田（1990）の研究は、日英の比較に留まらず、中国語との比較も視野に入れた点では、無生物主語他動詞文の研究史において日中対照の先駆けとしての価値を持つが、事実の提示に重きを置いており、理論的な説明は行われていない。

　以上挙げた先行研究の他に、光信（1996）、田口（1998, 2000）による考察も存在するが、これらは主語の語彙的意味による分類など、無生物主語他動詞文の特徴を挙げるに留まり、一貫した理論が提示されているわけではない。無生物主語他動詞文に関する最初の系統的かつ理論的な考察は、角田（1991）と熊（2009）による文レベルの要因に関する研究に見られる。次節では、主にこれらの 2 つの先行研究について紹介する。

2　文レベルの成立要因

2.1　名詞句階層説

　前節で述べたように、外山（1973）、金田一（1981）、石綿・高田（1990）による先行研究では、日本語において無生物名詞が他動詞文の主語になることは困難であるとされている。例えば、用例（8）で見るように、「大波」という無生物名詞が主語として用いられることは、日本語としてはやや違和感があると感じられるだろう。

　（8）？大波は私をさらった。（角田　1991：48）

　しかし、かねこ（1990）によって指摘されたように、詳しく観察すると、日本語の他動詞文において無生物名詞が主語になる例も存在ある。角田（1991）はこの立場を踏まえ、Silverstein（1976）が提案した「名詞句階層」という概念を用いて、用例（9）で示されるように、無生物名詞である自然名詞が他動詞文の主語になりうることを述べた。

(9) 津波が三陸地方を襲った。(角田 1991：49)

　名詞句階層とは、[図 2-1] のように、名詞を動作者になりやすさの度合い[3]によって分類する概念である。Silverstein (1976) によると、この名詞句階層では、左側ほど動作者になりやすく、主語に適する傾向が高まり、反対に右側に行くほど動作者としての程度が低くなり、結果的に目的語になりやすい。例えば、日本語では「彼は馬を殺した」とは言えるが、「馬は彼を殺した」とは言いにくい。これは、3 人称代名詞「彼」が動物名詞「馬」よりも名詞句階層で上位に位置しているからである。

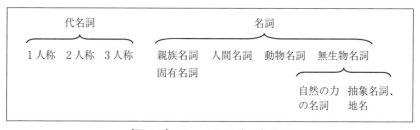

[図 2-1] Silverstein の名詞句階層

　名詞句階層の概念を用いて用例 (9) を説明すると、自然の力を表す名詞「津波」は、地名「三陸地方」よりも上位に位置するため、名詞句階層における流れとしては成立する。つまり、無生物名詞が主語であっても、名詞句階層に違反しなければ、文は成立するということである。しかし、日本語の無生物主語他動詞文では、(10) のように名詞句階層に違反しながらも成立する例と、(11) のように名詞句階層に違反していないにもかかわらず違和感を覚える例が存在する。

(10) 空腹感が彼を苦しめる。(青沼静也『チェーンレター』)

---

[3] 他にも、例えば Dixon (1979：85) のように、話し手にとっての重要さの程度を表す様々な解釈が存在する。

（11）？台風が窓ガラスを割った。（熊　2009：94）

　用例（10）では、無生物主語「空腹感」が階層上、目的語「彼」より
も低い位置にあるため、名詞句階層理論に違反することになるが、文とし
ては成立する。一方、用例（11）での「台風」は階層上、目的語「窓ガ
ラス」よりも高い位置にあるため、名詞句階層のルールを守っているにも
かかわらず、違和感があると感じられる。このように、（10）（11）はい
ずれも名詞句階層だけでは説明しきれない用例であり、名詞句階層説の限
界を示している。

2.2　他動性説

　前節で触れた名詞句階層説に対して、熊（2009）は「他動性」という異
なる観点を取り入れ、無生物主語他動詞文の問題を説明しようとした。熊
は無生物主語他動詞文を「所属関係の文」と「非所属関係の文」に区分
し、さらに「非所属関係の文」を「能動的な文」と「受動的な文」に細分
化した。「所属関係の文」とは、（12）のように、主語と目的語が同一の
実体を指す再帰的な構文のことである。この構文では、「建物」と「姿」
は同一のものとして異なる視点から描写されていると解釈される。

（12）懐かしい建物が姿を消した。（熊　2009：113）

　一方、「非所属関係の文」とは、その名の通り「所属関係の文」ではな
い構文を指すが、その下位分類である「能動的な文」と「受動的な文」
は、それぞれ（13）（14）のようなものである。

（13）強烈な陽がしだれ桜を照らしている。（熊　2009：140）
（14）しだれ桜が強烈な陽を受けている。（熊　2009：140）

(13) では、主語「陽」は目的語「しだれ桜」に光を当てるという行為を行うが、(14) では、主語が目的語に対して働きかけるのではなく、目的語「陽」が主語「しだれ桜」に働きかけている。熊 (2009) は、(13) のような構文を「能動的な文」と呼び、(14) のように述語が語彙的な受身動詞で成される構文を「受動的な文」と称している。

熊は以上の3種類の構文に対して、「所属関係の文」と「受動的な文」が外見上では他動詞文の形を取るものの、述語の他動性が低いため、働きかける力をそれほど強く持たない無生物名詞でも主語になり得ること、そしてこれらの文が無生物主語他動詞文として成立しやすいことを論じた。しかし、「能動的な文」では述語の他動性が高いにもかかわらず、これが無生物主語他動詞文としてどのように成立するかについての説明は不十分であった。結局、熊は「能動的な文」を述語が有対他動詞を持つかどうかで分類するに留まり、他動性を用いて無生物主語他動詞文の成立を一貫して説明することはできていない。

熊はさらに「能動的な文」の中で、「道具名詞構文」「原因名詞構文」「身体名詞構文」を中心に、日中の違いを個別に考察している。しかし、その分析は主に名詞に限られており、名詞と動詞の関係性には深入りしていない。熊は名詞句階層説を受け入れつつも、その他動性説との関連性を確立できていない。その理由は、名詞と動詞を別々に扱ったことにあると思われる。この点について、本書では名詞と動詞を同時に扱うアプローチを採用しており、その詳細については第4節で説明する。

3 文章レベルの成立要因

これまで述べた「名詞句階層説」と「他動性説」は、いずれも文レベルでの要因を扱っている。しかし、熊 (2014) によると、無生物主語他動詞文の問題は文レベルに限らず、文章レベルにも関連する。熊 (2014) は文章レベルでの要因として、以下の3点を指摘している。

まず、(15) のように、無生物名詞が先行文脈①ですでに主語として用

いられており、視点を統一するために続く他動詞文②でも同じ無生物名詞が主語とされる現象がある。これを熊は「視点統一」と呼んでいる。

(15) ① マニカルニカ・ガードでは**白い煙**が川面に流れ、② **白い煙は人生をすべて終えた者たちを焼いている**。（熊 2014：98）

また、(16) のように、先行文脈で特定の出来事を引き起こす原因が焦点化され、次の文で主語となる場合がある。この現象について熊は、先行文脈①「〜ようになっていた」から彼女に何らかの変化が生じていることが認識できるため、その変化をもたらした原因が最も重要な情報として焦点化され、後続する②の文の主語として選ばれ得ると論じている。熊はこの現象を「焦点化」と呼んでいる。

(16) ① ミラノから戻ってきて、芽実は真面目に語学学校に通うようになっていた。② **父親との会話ができなかったことが彼女を変えた**のだ。（熊 2014：98）

最後に、(17) のように、書き手が特別な表現効果を狙って無生物主語他動詞文を使用する場合がある。この用例では、「手」で行った行動と「口」で発した言葉を区別しようとしているという書き手の意図がうかがえる。つまり、口では遠慮しているが、行動ではそれを欲しがっているという受付の子の言行不一致を、無生物主語他動詞文を通じて読み手に伝えている。熊はこのような用法を「表現効果」と呼んでいる。

(17) 受付の方へ出て行くと、「社長」と受付の子が、「これが届きましたけど」と、チョコレートの詰め合わせを指さした。「まあ、誰から？」「N商店様。──お得意の一つですわ」「ご丁寧ね。みんなで食べてちょうだい」「いいんですか？」と言いながら、も

う手は包みを開けていた。(熊　2014：97)

　以上の通り、熊（2014）が「視点統一」「焦点化」「表現効果」という3つの要因を文レベルとは別に捉えたことにより、無生物主語他動詞文の研究に新たな視点を提示した。しかし、「表現効果」が他の2要因と比較して異なる性質を持つという問題がある。具体的には、「視点統一」と「焦点化」はいずれも前の文脈から叙述を引き継ぎ、それを基に次の文で新たな叙述を開始するという文脈展開の機能に関連している。それに対し、「表現効果」は行為者に意図性がないことを書き手が明示するために使用するものであり、文脈展開の機能とは異なる次元の要素である。

　なお、例えば「太郎が鍵を持って、その鍵を用いてドアを閉めた状態から開けた状態に変化させる」という一連の事象を文で表現する場合、「行為者」である「太郎」が主語となる有生物主語他動詞文（太郎がドアを開けた）、「道具」である「鍵」が主語となる無生物主語他動詞文（鍵がドアを開けた）、「対象」である「ドア」が主語となる無生物主語受身文（ドアが開けられた）や無生物主語自動詞文（ドアが開いた）などの複数の表現が可能である。ここで、「視点統一」と「焦点化」は主語として「行為者」「道具」「対象」のいずれを選ぶかという前提に立っているのに対し、「表現効果」は主語として「行為者」か「道具」を選ぶかという点に焦点を当てている。

　異なる前提を持っているため、「視点統一」「焦点化」と「表現効果」はそれぞれ別々に考察する必要があると思われる。さらに、文章レベルの要因は熊が挙げた3つで完結しているかについても疑問が残る。その理由は、高崎・立川（2010）でも指摘されているように、文の展開方法には様々なパターンが存在し、熊が「視点統一」と見なすのは同一単語が続けて主語になる場合に限定されているが、類義語や上位語などを用いた主語の連続も同様に考慮されるべきではないかと考えられる。最後に、これまでの先行研究における文レベルの要因と、これらの文章レベルの要因とが

どのように相互作用し、関連づけられているのかについても、明確にされていない点がある。

4　本書の立場

これまで概観してきたように、無生物主語他動詞文の成立に関する先行研究は、大きく文レベルと文章レベルの2つに分けられる。

文レベルでの研究においては、角田（1991）と熊（2009）が「名詞句階層説」と「他動性説」という説明原理を提出し、無生物主語他動詞文の研究に大きく寄与したが、文の一部である名詞か動詞の一方のみ着目するという問題点があるものと思われる。無生物主語他動詞文の成立は、名詞か動詞の一方のみの問題ではなく、両者が相互に影響するものであると考えられる。本書では、名詞と動詞を同時に扱う連語論的アプローチを採用し、日中両言語における無生物主語他動詞文の成立要因及びその相違を明らかにする。連語論的アプローチにより、日本語と中国語の2つの言語を同一の枠組みで論じることが可能となり、対照研究が行える利点がある。

文章レベルでの研究においては、熊（2014）が「視点統一」「焦点化」「表現効果」の3つの要因を文レベルから独立させて考察した点では、無生物主語他動詞文の研究に対して新たな観点を提示したが、その記述はまだ断片的である。本書では、無生物主語他動詞文で表現される事象を、有生物主語他動詞文・無生物主語受身文・無生物主語自動詞文といった他の選択肢との互換性に焦点を当て、文章レベルでの無生物主語他動詞文の成立要因を検討する。また、文レベルと文章レベルのそれぞれの要因がどのように関連付けられるかも解明する。

5　その他の問題点

前節までに指摘された大きな問題点の他に、以下の4点が小さな問題点として挙げられる。これらは、用例を収集する過程での工夫によって解決可能であると考えられる。

1点目として、熊（2009）はSilversteinの名詞句階層に規定されていない項目についても、階層の順序を設定しているが、その理論的な根拠が示されていないことが挙げられる。例えば、熊による名詞分類では「具体名詞」という項目が設けられているが、このグループの名詞はSilversteinの名詞句階層には存在しない。それにもかかわらず、熊はその具体名詞を［表2-1］のように、自然現象名詞と抽象名詞の間に位置づけている。しかし、具体名詞が抽象名詞より階層が高いという理論的な根拠は明らかにされていない。

［表2-1］熊（2009）とSilverstein（1976）の名詞分類の対照

熊による分類	生物名詞				無生物名詞				
	人間名詞			動物名詞	自然現象名詞	具体名詞		抽象名詞	組織機関名詞
名詞句階層	代名詞	親族名詞固有名詞	人間名詞	動物名詞	自然の力の名詞	地名		抽象名詞	

※熊（2009：22）より抜粋

このように、収集した用例を既成の枠組みに分類したとしても、互いに対応しない場合が生じることがある。そのため、本書では、名詞句階層という既成の枠組みにとらわれずに、連語論的アプローチという新たな方法論を導入し、「主格名詞」「対格名詞」「動詞」の三者の意味関係を基に分類を進めることとする。

2点目として、熊（2009）においては、主語となる名詞を示す標識の違いが無視されている点が挙げられる。これは、既存の先行研究でも見られる問題点である。例えば、（18）と（19）において、文の表層で主語として用いられている「内閣」と「画壇」を示すために、格助詞「が」と係助詞「は」がそれぞれ使用されている。この違いは、新情報と旧情報、すなわち焦点の問題に関連していると考えられるが、これまでの研究ではこの違いを適切に考慮せずに混同して論じていた。

（18）内閣**が**参院を解散して、審判を民意に問うことはありえない。（熊
　　 2009：59）

（19）最初は自分が女だから画壇**は**私を認めないんだと悩んだもので。
　　 （熊 2009：35）

　一般に、「が」が使われる場合はその前に、一方で「は」が使われる場
合はその後ろに焦点が置かれている。焦点が置かれた名詞は、書き手や話
し手にとって重要度が上がるため、結果的に主語の選定にも影響を及ぼす
と考えられる。このことを踏まえ、本書では格助詞「が」で示された無生
物主語他動詞文を考察の対象とする。その理由は、係助詞「は」には「主
題」「対比」など複雑な機能があるため、比較的単純な格助詞「が」から
考察を始めたほうが適切だと判断したからである。

　3点目として、熊（2009）では、主語に「連体修飾成分」が付く場合を
考慮に入れていないことが挙げられる。例えば、（20）では、主語「目」
の前に「片山の」という連体修飾成分が存在するかどうかによって、文の
他動性に影響が及び、文の許容度も変化すると思われる。その証拠に、連
体修飾成分「片山の」を取り除いて「目は私をパンして…」とすると、文
はかなり不自然になる。しかし、熊はこれを問題視せずに論じている。本
書では、このような点も考慮に入れて考察を進める。

（20）**片山の目**は私をパンして、妹に向いた。（熊 2009：32）

　最後に、4点目として、これまでの先行研究では、（21）のような具体
的な描写と、（22）のような抽象的な描写を混同して扱ってきた点が挙げ
られる。具体的な描写は物理的な作用を基にして成立しているのに対し、
抽象的な描写は物理的な空間を占めることがないため、異なる成立の仕組
みがあると考えられる。この2つの成立要因のメカニズムが異なるという
見解に基づき、それぞれ別々に論じる必要がある。本書においては、第5

章で具体的な描写を、第6章と第7章で抽象的な描写を扱う。

(21) **硫黄流が岩を砕いて**崖が崩れたり段差ができているため、車は通行止めになっており、彼らはかなり手前で車を降りて…（高野裕美子『マリン・スノー』）

(22) 追求したいわけですが、その際に私が一言だけ言いたいのは、**行動が意識を変える**ということなんですね。（遠藤織枝『戦時中の話しことば』）

第3章　調査の概要

　本章では、文レベルと文章レベルから見た要因の調査に対する共通の規定を述べる。大きく、調査対象の規定、調査資料の選定、用例の抽出方法の3つの部分に分けられる。

1　調査対象の規定
1.1　日本語の場合

　本書では、コーパスを用いて無生物主語他動詞文を抽出するが、条件なしで用例を収集するとその量は膨大となり、焦点を絞ることが困難になる。そのため、日本語においては、「鍵がドアを開ける」のような、「X（主格名詞）＋ガ（格助詞）＋Y（対格名詞）＋ヲ（格助詞）＋Z（他動詞）」という最も単純な構文に対象を限定する（以下、主格名詞に相当する部分を「X」、対格名詞に相当する部分を「Y」、動詞を「Z」とする）。撹乱変数を最小限に抑えるため、a～gに該当するものは他動性に影響を与えると考慮し、これらは対象外とする。

　a）Xに連体修飾成分が伴う場合

　例：**音波の**形が　音色を　与える。（名詞＋の）
　　　重い病気が　彼女を　襲った。（形容詞連体形）
　　　独特な表現が　話題を　集めた。（形容動詞連体形）
　　　すぐれた作品が　これを　証明している。（動詞連体形）

　b）Xに連体詞が伴う場合

例：**その**言葉が　私を　導いた。

　　あらゆるものが　風景を　成り立たせている。

c）Ｘに副助詞が伴う場合

例：苦痛**だけ**が　意識を　みたす。

　　大樹**など**が　根を　張つていて…

　ａとｂは、名詞の定性と不定性に影響を及ぼす。通常、修飾語が加わると、被修飾語の名詞は範囲が限定されることが多いため、定名詞の可能性が高まる。これは結果的に他動性を高め、無生物主語他動詞文の成立に影響を与える。ｃについては、「だけ」などの副助詞が取り立ての機能に関わるため、他動性への影響はａとｂと同様である。

d）Ｘに同格成分が伴う場合

例：**表現形式そのもの**が　意味を　担う。

e）Ｘに並立助詞が伴う場合

例：洒落**や**滑稽**や**逆説が　口を　突いて…

　　音**と**声**と**が　鋭角を　なして…

f）Ｘに接続詞が伴う場合

例：隠喩**あるいは**直喩が　叙述を　修飾する。

　　掌**または**親指が　楽器を　支えて…

以上のd～fにおいては、主格名詞に相当する部分が複数存在し、どれが無生物主語他動詞文の成立に影響を与えるかを特定することが困難である。研究の精度を高めるため、なるべく主格名詞の特徴を詳細に記述しながら分析したい。したがって、主格名詞を特定しづらい用例は調査対象から除外することとする。

　g）Zに有標のヴォイス形式や、授受表現など、視点に関わるものが伴う場合

　例：奇跡が　彼を　信じ**させた**。（ヴォイス成分）
　　　電車が　ぼくを　轢い**てくれる**。（授受表現）

　gの類は、動詞の後ろに視点を転換させる有標のヴォイス形式や、恩恵の方向を示す授受表現が付加され、文全体の他動性に直接影響を与える。以上挙げたものについて、a～fは主格名詞の撹乱変数によって、gは動詞の撹乱変数によって他動性が影響を受ける例である。これらはいずれも無生物主語他動詞文の成立要因を特定しにくくするため、除外する。さらに、以下のhとiは形態上「XガYヲZ」という条件を満たしているが、本書で扱う無生物主語他動詞文ではないため、これらも考察対象から除外することとする。

　h）Zが自動詞である場合

　例：軍艦が　波を　**走る**。（移動動詞）
　　　汽車が　国境を　**離れる**。（離脱動詞）

　hに関して、自動詞と他動詞の区別は日本語の研究において難しい問題とされている。本書では奥津（1967）の定義に従い、原則としてヲ格を取

27

る動詞を他動詞と認定する。ただし、「走る」「通る」のような移動動詞
や、「出る」「離れる」のような離脱動詞が取るヲ格は「対格」ではなく
「移動格」であるため、これらは自動詞として認める。

i）Xが有生物名詞である場合

例：**幽霊**が　飯を　食う。（幽霊が　いる）
　　怪物が　歯を　むき出し…　（怪物が　いる）

　最後のⅰについて、有生物名詞と無生物名詞の区別に関して、本書は
『分類語彙表』（国立国語研究所 2004）の部門に従い、「抽象的関係」「人
間活動―精神及び行為」「生産物及び用具」「自然物及び自然現象」に属す
るものを無生物名詞と認定する。ただし、「自然物及び自然現象」の下位
分類にある「生物」「動物」という中項目は有生物名詞に属する。この認
定により、植物名詞も無生物名詞に含まれることになる。

1.2　中国語の場合

　無生物主語他動詞文を研究するに当たり、まず他動詞文を抽出する必要
がある。ただ、他動詞文と一言で言っても、他動詞の定義と認定が必要で
ある。日本語においては、「ヲ格」が他動詞文を判断する手がかりになり
うるため、「ヲ格」を伴う構文を日本語の他動詞文として認定することが
できる（ただし、「出る」「渡る」「飛ぶ」「走る」などの「移動動詞」「離脱動
詞」を述語とする文は除外する）。しかし、中国語には日本語のような格標
識が存在しないため、他動詞文の認定は、動詞が直接「主格名詞（主語）」
と「対格名詞（目的語）」の2つの必須項を取るかどうかによって行われる。

（1）我（主格名詞）　打開（他動詞）　窓戸（対格名詞）。（作例）
（2）＊我（主格名詞）　打開（他動詞）。（作例）

（3）＊打開（他動詞）窗戸（対格名詞）。（作例）

　例えば、（1）では「打開（訳：開く）」という動詞が取る項は、主格名詞「我（訳：私)」と対格名詞「窗戸（訳：窓）」である。これらのいずれかが欠けると、（2）（3）のような非文になる[1]。これにより、「打開」が取るべき必須項が2項であることが明らかになり、それが他動詞であることが理解できる。しかし、中国語の他動詞文では、強調の意を表すために、「把」という助辞（日本語の助詞に相当するもの）を用いることで、（4）のように対格名詞を動詞の前に移動させることが可能である。

（4）我（主格名詞）　把（助辞）　窗戸（対格名詞）　打開（他動詞）。（作例）

　（4）の論理的な意味は（1）と完全に一致しているが、ニュアンスとしては対格名詞を強調する意味合いがある。本書では、強調の意味合いの存在と抽出の利便性という2点を考慮し、（4）のような「把」を用いた構文は対象から除外することとする。

　日本語の用例を抽出する際には、「鍵がドアを開ける」のような、「X ガ Y ヲ Z」という最も単純な構文を調査対象として、不要な撹乱変数を減らす方針を採った。同様に、中国語の用例の抽出においても、撹乱変数を最小限に抑えるために、「X（主格名詞）＋ Z（他動詞）＋ Y（対格名詞）」というシンプルな構文を対象にする。

2　調査資料の選定

2.1　日本語の場合

　調査資料について、本書では日本語と中国語の大規模均衡コーパスを用いて用例を抽出する。日本語のコーパスとしては、国立国語研究所のプロ

1　（3）は、命令文のように主語が省略された場合には成立するが、ここではその点については論じない。

ジェクトによって構築された BCCWJ の DVD 版（Version1.1）を使用する。BCCWJ は、現代日本語の書き言葉の全体像を把握するために設計されたコーパスで、「出版」「図書館」「特定目的」という 3 つのサブコーパスから構成され、形態素解析の処理も施されているため、情報の抽出が容易である。具体的に、「書籍」「雑誌」「新聞」「白書」「ブログ」「ネット掲示板」「教科書」「法律」など多様なレジスターから 1 億 430 万語が収録され、各レジスターについては無作為にサンプルが抽出されている。収録対象の刊行年代は 1976～2005 年であり、執筆者、生年代、性別、ジャンル、出典、出版社、出版年などの情報もタグとして付与されている。BCCWJ のサブコーパス及びレジスターにおける語数の分布は［表 3-1］に示されている。

［表 3-1］BCCWJ のサブコーパス及びレジスターにおける語数と比率（語数単位：万）

サブコーパス	レジスター	語数	百分率
出版	書籍	2855.23	27.21%
	雑誌	444.45	4.24%
	新聞	137.02	1.31%
図書館	書籍	3037.79	28.96%
特定目的	ベストセラー	374.23	3.57%
	白書	488.28	4.65%
	広報紙	375.52	3.58%
	法律	107.91	1.03%
	国会会議録	510.25	4.86%
	教科書	92.84	0.88%
	韻文	22.53	0.21%
	Yahoo! 知恵袋	1025.69	9.78%
	Yahoo! ブログ	1019.41	9.72%
合計		10491.15	100.00%

第1章で述べた通り、本書では日中両言語の使用実態を比較することを目的としており、原則的にすべてのサブコーパスを調査対象とする。ただし、文レベルの要因に関する一部の考察（第5章：対格名詞が物名詞の場合）においては、用例数が多すぎるため、「出版：書籍」「図書館：書籍」の2つのレジスターに限定する。これらが選ばれた理由は、それぞれの分布において最も大きな割合を占めているからである。なお、コアデータと非コアデータについては、本書では両方を検索対象とする。

2.2　中国語の場合

中国語のコーパスとして、台湾の中央研究院によって開発されたSINICA の DVD 版（Version3.0）を調査資料として使用する。このコーパスは、BCCWJ と同様に、単位切りや品詞の付与などの処理が施されているため、「X（主格名詞）＋ Z（他動詞）＋ Y（対格名詞）」という形の他動詞文を高精度で抽出できる。SINICA では、BCCWJ のサブコーパスに相当する分類は明確に示されていないが、レジスター相当のものとして「媒体」という項目が設定されている。具体的に、「新聞」「雑誌」「図書」「実用書」「学術論文」「教科書」「視聴メディア」「演説」などの媒体から 520万詞（中国語の単語に相当する）が収録され[2]、その刊行年代は 1981～2007年である。全データには、「文類」「文体」「表現形式」「主題」「媒体」「著者」「性別」「国籍」「母語」「出版元」「出版地」「出版日」「版次」「標題」などのタグ情報が付されている。各媒体の語数と比率の分布は［表 3-2］に示されている。

また、日本語との検索条件を揃えるために、中国語についても原則としてすべてのデータを対象に検索を行う。文レベルの要因に関する一部の考察（第5章：対格名詞が物名詞の場合）では、日本語と同様に範囲を限定し、BCCWJ の「出版：書籍」「図書館：書籍」に最も近い性質を持つ「教

2　元のタグ名は中国語であるが、本書では、これらを日本語に翻訳し、表記も日本語のものに変更している。

[表 3-2] SINICA の各媒体における語数と比率（語数単位：万）

媒体	語数	百分率
新聞	162.57	31.26%
一般雑誌	151.80	29.19%
評論	3.62	0.70%
教科書	21.25	4.09%
実用書	0.70	0.13%
学術論文	7.06	1.36%
一般図書	43.96	8.45%
視聴メディア	118.80	22.84%
会話インタビュー	8.50	1.63%
演説	1.32	0.25%
その他	0.53	0.10%
合計	520.11	100.00%

科書」「実用書」「学術論文」「一般図書」という「図書類」に絞って調査を実施する。

　BCCWJ と SINICA を大規模コーパスとして選んだ理由は 3 点ある。1 点目は、両コーパスともに収録される資料の刊行年代が近く、共時的な対照研究に適していることである。2 点目は、形態素解析が施されているため検索精度が高まることである。3 点目は、著者や出版年月などのタグが付いており、後処理が容易であることが挙げられる。用例の抽出に際しては、BCCWJ も SINICA も自作の Perl プログラムを用いて行ったが、その詳細は次節で紹介する。

3　用例の抽出方法

3.1　日本語の場合

　本節では、抽出手法と検索条件を詳述する。前節にも触れたが、本書で

使用される BCCWJ は、形態素解析の処理が施されたコーパスである。そのため、単なる文字列を用いる検索だけでなく、品詞指定による精度の高い検索が可能である。具体的には、従来の検索手法は原則として形態の一致に基づいて行われることが多いが、本書で取り上げる無生物主語他動詞文は、形態の一致だけでは適切に検索できない場合がある。例えば、「～が～を～」という検索条件を設定しても、従来の手法では「もよう**がえを**する」「め**がねを**かける」といった対象外の用例が数多く含まれる可能性がある。しかし、BCCWJ は品詞情報を含んだデータを整備しているため、この特性を活用し、検索方法を工夫することで、形態の一致に加えて、品詞も指定した条件と一致しなければ検索されないようにすることが可能である。これにより、「め**がねを**かける」のような用例が検索結果に含まれなくなる。

　BCCWJ は形態素解析済みのデータとして、短単位に基づくものと長単位に基づくものが用意されているが、本書では後者の長単位データを採用している。その理由は以下の 2 点である。1 点目は、主格名詞、対格名詞、動詞がそれぞれ 1 つの語として分断されることなくマッチング可能にするためである。例えば、(5) のような短単位データ（縦棒は単位の区切り、下線部はマッチングされた部分を示す。以下同）を用いると、抽出される部分は「政府がアメリカをリード」となり、文として不完全である。さらに、同じ短単位データである (6) では、対格名詞に相当する部分が 2 つの名詞に分断されるため、マッチングされない[3]。一方、長単位で解析された (7) (8) のデータを用いれば、問題なく用例を収集することができる。2 点目は、名詞語句に限って、短単位よりも長単位のほうが、日中両コーパスの単位切りの基準を揃えやすいからである。この点は中国語のコーパスの特性にも関係しており、詳細は次節で述べる。

3　検索条件式を名詞 1 個分の単位に設定したためである。

(5) 日本 | 政府 | が | アメリカ | を | リード | する　（短単位データの例）

(6) 日本 | が | アメリカ | 政府 | を | リード | する　（短単位データの例）

(7) 日本政府 | が | アメリカ | を | リードする　（長単位データの例）

(8) 日本 | が | アメリカ政府 | を | リードする　（長単位データの例）

　用例の抽出には Perl を用いる。Perl はプログラミング言語の一種であり、文字列の高速な検索が可能である。これまで文字列を検索できるテキストエディタが多く存在していたが、それらは開発者が想定した機能しか搭載されていないため、すべての研究に適用できるとは限らない。しかし、Perl を用いることで、各研究目的に合わせた精密な検索条件を設定できる。本書で Perl を採用した理由は、文字列処理の効率が高いことと、自由に検索条件を設定できることの 2 点である。実際に使用したスプリクトは以下の通りである。すでに述べたように、検索条件は「X（主格名詞）＋ガ（格助詞）＋ Y（対格名詞）＋ヲ（格助詞）＋ Z（他動詞）」で、検索用の入力ファイルは BCCWJ の DVD 版（Verson1.1）で提供された長単位 TSV データである。

```
# プログラム名：KWIC_JP.pl
# 説明：BCCWJ の TSV データより日本語の他動詞文の用例を抽出する（前後文脈語
数指定可）
# 作成者：Ma Tzu-Hsuan

# コマンドライン引数で与えられたファイルを取得する
@files = 〈@ARGV〉;

# 変数の値を初期化する
$file_num = 0; # 処理中ファイルの通し番号
$text_num = 50; # 前後文脈の抽出単位数
$pre_word_5 = $text_num - 5; # 動詞の直前 5 個目の要素（主格名詞の直前要
素）の位置
```

第 3 章　調査の概要

```perl
$pre_word_4 = $text_num - 4; # 動詞の直前 4 個目の要素（主格名詞 X ）の位置
$pre_word_3 = $text_num - 3; # 動詞の直前 3 個目の要素（主格標識ガ）の位置
$pre_word_2 = $text_num - 2; # 動詞の直前 2 個目の要素（対格名詞 Y ）の位置
$pre_word_1 = $text_num - 1; # 動詞の直前 1 個目の要素（対格標識ヲ）の位置
$verb = $text_num; # 動詞 (Z) の位置
$next_word = $text_num + 1; # 動詞の直後要素の位置

# ファイルを一つずつ開く
foreach (@files) {
    open TXT,"<",$_  || die "Error: cannot open $_\n";
    @line = <TXT>;
    close TXT;

    # 一行ずつ読み込む
    foreach ( 0..$#line ) {
        @str = split ( /\t/, $line[$_] );

        # 品詞（11 番目の要素）が動詞であるかどうかを判断する
        if ( $str[11] eq "動詞－一般" ) {
            $line_count = -$text_num;

            # 動詞の前後文脈を取得する
            for ( $text_count = 0; $text_count <= $text_num*2; $text_count++ ) {
                if ( $_ + $line_count >= 0 ) {
                    @{"str$text_count"} = split ( /\t/, $line[$_ + $line_count] );
                } else {
                    @{"str$text_count"} = "";
                }
                $line_count++;
            }
```

```perl
            # 抽出された動詞文が「X ガ Y ヲ Z」の形であるかどうかを判断
する
            if ( ${"str$pre_word_1"}[11] =~ / 格助詞 / && ${"str$pre_
word_1"}[8] eq " を " && ${"str$pre_word_3"}[11] =~ / 格助詞 / &&
${"str$pre_word_3"}[8] eq " が " ) {

                # X・Y・Z 及びその直前・直後の要素を出力する（分類用）
                print ${"str$pre_word_5"}[8], "¥t", ${"str$pre_word_5"}
[11], "¥t", ${"str$pre_word_5"}[13], "¥t", ${"str$pre_word_4"}[8], "¥t",
${"str$pre_word_4"}[11], "¥t",${"str$pre_word_2"}[8], "¥t", ${"str$pre_
word_2"}[11], "¥t",  ${"str$next_word"}[8], "¥t", ${"str$next_word"}[11],
"¥t";

                #「X ガ Y ヲ Z」を含む前後文脈を、指定された単位数で出
力する（文脈確認用）
                for ( $text_count = 0; $text_count <= $text_num * 2;
$text_count++ ) {
                    if ( $text_count == $pre_word_4 ) {
                        print "¥t", ${"str$text_count"}[17], "¥t";
                    } elsif ( $text_count == $pre_word_3 || $text_
count == $pre_word_2 || $text_count == $pre_word_1 || $text_count ==
$verb ) {
                        print ${"str$text_count"}[17], "¥t";
                    } else {
                        print ${"str$text_count"}[17];
                    }
                }
                print "¥t", $line[$_];
            }
        }
    }
```

```
# コマンドプロンプトに処理済みファイルの通り番号を出力する
print STDERR $files [$file_num], "¥n";
$file_num++;
}
```

　このスクリプトの基本的な考え方は、まず、一行ごとにその品詞の欄が
「動詞 - 一般」であるかどうかをチェックする[4]。照合に成功したら、次に、
マッチングされた動詞の1つ前の単語の品詞が「格助詞」で、かつ語彙素
が「を」であるかどうかをチェックする。この条件もクリアしたら、最後
に、マッチングされた動詞の3つ前の単語の品詞が「格助詞」で、かつ語
彙素が「が」であるかどうかをチェックする。以上の条件をすべて満たす
場合、前後の文脈をそれぞれ50語含めて書き出すように指示する。なお、
格助詞「が」「を」の直前に来る単語は「など」「だけ」のような副助詞を
除いて、原則的に名詞であるため、それをプログラムで確認する必要はな
い。

　続いて、抽出された「X ガ Y ヲ Z」という形態的に他動詞文に当たるも
のを、前節で設定したa〜iの条件を用いて絞り込む必要がある。そのう
ち、条件a〜gは形態素解析の情報を手掛かりにすれば機械的に判断でき
る。具体的には、Xの直前とZの直後の情報が必要である。Xの直前の情
報は、Xに修飾成分または接続詞などが伴っているか（条件abdef）を判
断するためのものであり、Zの直後の情報は、Zに続く助動詞が有標の
ヴォイス形式または授受表現であるか（条件g）を判断するものである。
残りの条件cに関しては、Xの品詞が副助詞であるものを指定すれば簡単
に除外できる。問題は条件hと条件iである。前者はZが自動詞であるか
どうか、後者はXが有生物名詞であるかどうかを判断しなければならな
い。これら2つの条件は形態素解析の情報で機械的に判断できず、手作業

4　BCCWJのDVD版で提供されたTSVデータは、一行が一形態素という構造になっているため
　である。

で処理する必要がある。

3.2　中国語の場合

　本書では、中国語のコーパスについてもプログラミング言語 Perl を用いて用例の抽出を行う。中国語の他動詞文は、原則として日本語と同様であり、品詞情報があれば形式的に抽出可能であるため、Perl を用いれば効率的に用例を収集できる。

　しかし、本書で使用する中国語のコーパス SINICA の単位切りには、基準が一貫していない問題がある。例えば、「研究所」は1つの単位として扱われているが、「国語｜研究｜所」は3つの単位に分割されている。このデータのままでは日本語と同じ条件で用例を抽出することが困難であるため、修正が必要である。1つの方法としては、データを BCCWJ の短単位か長単位のいずれかに合わせることが考えられる。前節で述べたように、BCCWJ を検索する際に長単位のデータを選んだ理由は、名詞語句に限って言えば短単位よりも長単位のほうが日中両コーパスの単位切りの基準を揃えやすいためである。上に挙げた「研究所」と「国語｜研究｜所」を例に説明すると、BCCWJ の短単位に揃える場合は「研究所」を「研究｜所」のように分割しなければならず、語構成の情報が必要となる[5]。それに対し、長単位に揃える場合は「国語｜研究｜所」を「国語研究所」にするように、原則として名詞の連続を繋げるだけで済む（一部連用修飾を除き、詳しくは後に述べる）ため、機械的に処理しやすい。

　以上述べてきたことを踏まえ、本書は SINICA のデータを BCCWJ の長単位基準に合わせる方針を採用している。しかし、本来 SINICA では長単位に対する規定が設けられておらず、日中両言語の構造も異なるため、ここでは名詞語句に関する長単位の定義を新たに設定しなければならない。BCCWJ に合わせるように検討した結果、本書では SINICA の名詞語句に

5　同じ3文字の語でも、「西｜日本」のような異なる構造を持つものが存在するためである。

対する長単位の定義を以下の4原則に従って規定することとした。

・原則1：名詞の連続は原則として繋げるが、固有名詞は一次結合まで
　　　　とする
・原則2：連体修飾を表す成分「的」の後で切る
・原則3：接頭辞及び接尾辞は名詞と繋げる
・原則4：指示数量詞語句の後で切る

　中国語の名詞句は、基本的に「指示数量詞語句」と「名詞語句」の2つの部分によって構成される。上に挙げた4原則に基づき、具体的な長単位変換の操作を、以下の［図3-1］のようにまとめる。

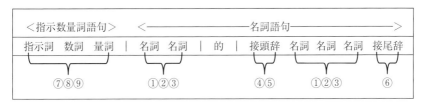

［図3-1］SINICAのデータに対する長単位の変換操作

　各項目に対する説明は図の下に示される。NaやNesなどの英字はSINICAの品詞情報を表す記号である。なお、本来の形態素解析データでは「的」の後ですでに切られているため、「原則2」に対する変換操作は必要でない。以下では、それぞれの原則に対する処理手順を詳述する。

・ステップ1：名詞連続の処理（原則1）
　① 一般名詞同士の結合：　N［acv］+N［acv］　例：学術＋水準、実務＋経験
　② 固有名詞（人名）同士の結合：　Nb+Na（1回まで）　例：李＋教授
　③ 固有名詞（地名）同士の結合：　Nb+Nc（1回まで）　例：清華＋大學

・ステップ2：接頭辞の処理（原則3）

　　④ 定詞と名詞の結合： Nes+N［abcdfv］　例：各＋方面、毎＋星期

　　⑤ 非謂形容詞と名詞の結合： A+N［abcdfv］　例：前任＋院長、一般＋民衆

・ステップ3：接尾辞の処理（原則3）

　　⑥ 場所詞・時間詞と名詞の結合： N［abcdfv］+N（cd｜g）　例：學校＋前、三日＋後

・ステップ4：指示数量詞語句の処理（原則4）

　　⑦ 定詞・数詞と量詞の結合（名詞後続時）： Ne（u｜p｜s｜qa）+Nf　例：五＋瓶

　　⑧ 数詞と後置数量定詞の結合： N（eu｜d）+Neqb　例：四十＋上下

　　⑨ 定詞と数詞の結合： Ne（p｜s｜qa）+Neu　例：這＋三、毎＋五、該＋七

　以上の処理を経て得られたものは、BCCWJ の長単位データとほぼ同じ基準のものとなっている。しかし、用例を抽出するためには、以下に述べるもう1つの問題が存在する。

（9）台灣地區（Nc）　去年（Nd）　全年平均気温（Na）　與（Caa）　全年累積降雨量（Na）　同時（Nd）　創下（VC）　近百年來（Nf）　的（DE）　最高紀録（Na）

　（9）は SINICA の中にある実際のデータ形式（長単位処理済）であるが、文中の単語と単語の間に、分かち書きのようにスペースが挿入されており、また、単語ごとにその後ろにその品詞を示すコードが付されているのが見て取れる。しかし、このような1行1文の形式は、用例を抽出するた

めのプログラム処理にやや不向きであるため、BCCWJ の TSV 形式のように 1 行に 1 語の情報が格納された形に整える必要がある。Perl を用いて（9）のデータ形式を整形した結果は［表 3-3］のようになる。

［表 3-3］TSV 形式に整形した SINICA の長単位データ例

サンプル ID	著者	媒体	出版元	出現形	品詞
3030	柳中明	一般雑誌	科學月刊	台灣地區	Nc
3030	柳中明	一般雑誌	科學月刊	去年	Nd
3030	柳中明	一般雑誌	科學月刊	全年平均気温	Na
3030	柳中明	一般雑誌	科學月刊	與	Caa
3030	柳中明	一般雑誌	科學月刊	全年累積降雨量	Na
3030	柳中明	一般雑誌	科學月刊	同時	Nd
3030	柳中明	一般雑誌	科學月刊	創下	VC
3030	柳中明	一般雑誌	科學月刊	近百年來	Nf
3030	柳中明	一般雑誌	科學月刊	的	DE
3030	柳中明	一般雑誌	科學月刊	最高紀録	Na

　最後に、整形作業が施された［表 3-3］のデータを対象に、用例の抽出作業を行う。検索の条件式を仮に「名詞＋動詞＋名詞」と設定する。SINICA でも日本語の BCCWJ と同様に、Perl を用いて用例を抽出するが、ここでは異なる点が 1 つ存在する。

（10）鍵がドアを開け**た**　（作例）
（11）鍵がドアを開け**られる**　（作例）
（12）鑰匙打開**了**門　→　訳：鍵がドアを開けた　（作例）
（13）鑰匙**可以**打開門　→　訳：鍵がドアを開けられる　（作例）

日本語では（10）（11）のように、述語に「た」「られる」などの助動詞

が付いた場合でも、「X（主格名詞）＋ガ（格助詞）＋Y（対格名詞）＋ヲ（格助詞）＋Z（他動詞）」という検索式の条件を満たしているため、用例として収集される。しかし、中国語では統語構造の性質上、助動詞とアスペクト標識が動詞の前後に来るため、それらが付くと（12）（13）のように、先ほど設定した「名詞＋動詞＋名詞」という条件式に当てはまらず、用例として収集されなくなる。両言語をなるべく同じ条件で用例を収集したいため、ここでは中国語の検索条件式を「名詞＋（助動詞）＋動詞＋（アスペクト標識）＋名詞」のように修正する。実際に使用したスクリプトは以下の通りである。検索用の入力ファイルは SINICA の DVD 版（Verson3.0）で提供されたファイルを基に整形した長単位 TSV データである。

```perl
# プログラム名：KWIC_CH.pl
# 説明：SINICA の TSV データより中国語の他動詞文の用例を抽出する（前後文脈語
数指定可）
# 作成者：Ma Tzu-Hsuan


# コマンドライン引数で与えられたファイルを取得する
@files = 〈@ARGV〉;


# 変数の値を初期化する
$file_num = 0; # 処理中ファイルの通し番号
$text_num = 50; # 前後文脈の抽出単位数
$pre_word_5 = $text_num - 5; # 動詞の直前5個目の要素の位置
$pre_word_4 = $text_num - 4; # 動詞の直前4個目の要素の位置
$pre_word_3 = $text_num - 3; # 動詞の直前3個目の要素の位置
$pre_word_2 = $text_num - 2; # 動詞の直前2個目の要素の位置
$pre_word_1 = $text_num - 1; # 動詞の直前1個目の要素の位置
$verb = $text_num; # 動詞（Z）の位置
$next_word_1 = $text_num + 1; # 動詞の直後1個目の要素の位置
$next_word_2 = $text_num + 2; # 動詞の直後2個目の要素の位置
```

第 3 章　調査の概要

```perl
$next_word_3 = $text_num + 3; # 動詞の直後3個目の要素の位置

# ファイルを一つずつ開く
foreach (@files) {
    open TXT,"<",$_ || die "Error: cannot open $_\n";
    @line = <TXT>;
    close TXT;

    # 一行ずつ読み込む
    foreach ( 0..$#line ) {
        chomp $line[$_];
        @str = split (/\t/, $line[$_]);

        # 品詞（18 番目の要素）が他動詞であるかどうかを判断する
        if ( $str[18] =~ /V(C|D|HC|J)/ ) {
            $line_count = -$text_num;

            # 動詞の前後文脈を取得する
            for ( $text_count = 0; $text_count <= $text_num*2; $text_
count++ ) {
                if ( $_ + $line_count >= 0 ) {
                    chomp $line[$_ + $line_count];
                    @{"str$text_count"} = split (/\t/, $line[$_ +
$line_count]);
                } else {
                    @{"str$text_count"} = "";
                }
                $line_count++;
            }

            # 助動詞とアスペクト標識が両方存在しない場合
            if ( ${"str$pre_word_1"}[18] =~ /N[abcdfhv]/ && ${"str$next_
word_1"}[18] =~ /N[abcdfhv]/ ){
```

43

```perl
                # Ｘ・Ｚ・Ｙ及びその直前・直後の要素を出力する（分類用）
                print ${"str$pre_word_4"}[17], "\t", ${"str$pre_
word_4"}[18], "\t", ${"str$pre_word_3"}[17], "\t", ${"str$pre_word_3"}[18],
"\t", ${"str$pre_word_2"}[17], "\t", ${"str$pre_word_2"}[18], "\t",
${"str$pre_word_1"}[17], "\t", ${"str$pre_word_1"}[18], "\t\t\t",
${"str$verb"}[17], "\t", ${"str$verb"}[18], "\t\t\t", ${"str$next_word_1"}
[17], "\t", ${"str$next_word_1"}[18], "\t", ${"str$next_word_2"}[17], "\t",
${"str$next_word_2"}[18], "\t";

                #「ＸＺＹ」を含む前後文脈を、指定された単位数で出力する
（文脈確認用）
                for ( $i = 0; $i <= $text_num*2; $i++ ) {
                        if ( $i < $pre_word_1 || $i > $next_word_1 ) {
                                print ${"str$i"}[17];
                        } elsif ( $i == $verb ) {
                                print "\t", ${"str$pre_word_1"}[17], "\t\t",
${"str$verb"}[17], "\t\t", ${"str$next_word_1"}[17], "\t";
                        }
                }
                print "\t", $line[$_],  "\n";

                # 助動詞のみ存在する場合
        } elsif ( ${"str$pre_word_2"}[18] =~ /N[abcdfhv]/ &&
${"str$pre_word_1"}[18] eq "D" && ${"str$next_word_1"}[18] =~ /N[abcdfhv]/
) {

                # Ｘ・Ｚ・Ｙ及びその直前・直後の要素を出力する（分類用）
                print ${"str$pre_word_5"}[17], "\t", ${"str$pre_
word_5"}[18], "\t", ${"str$pre_word_4"}[17], "\t", ${"str$pre_word_4"}[18],
"\t", ${"str$pre_word_3"}[17], "\t", ${"str$pre_word_3"}[18], "\t",
${"str$pre_word_2"}[17], "\t", ${"str$pre_word_2"}[18], "\t", ${"str$pre_
word_1"}[17], "\t", ${"str$pre_word_1"}[18], "\t", ${"str$verb"}[17], "\t",
```

第3章　調査の概要

```perl
${"str$verb"}[18], "¥t¥t¥t", ${"str$next_word_1"}[17], "¥t", ${"str$next_
word_1"}[18], "¥t", ${"str$next_word_2"}[17], "¥t", ${"str$next_word_2"}
[18], "¥t";


        # 「XZY」を含む前後文脈を、指定された単位数で出力する
（文脈確認用）
        for ($i = 0; $i <= $text_num*2; $i++) {
            if ( $i < $pre_word_2 || $i > $next_word_1 ) {
                print ${"str$i"}[17];
            } elsif ( $i == $verb ) {
                print "¥t", ${"str$pre_word_2"}[17], "¥t",
${"str$pre_word_1"}[17], "¥t", ${"str$verb"}[17], "¥t¥t", ${"str$next_
word_1"}[17], "¥t";
            }
        }
        print "¥t", $line[$_], "¥n";


    # アスペクト標識のみ存在する場合
    } elsif ( ${"str$pre_word_1"}[18] =~ /N[abcdfhv]/ &&
${"str$next_word_1"}[18] eq "Di" && ${"str$next_word_2"}[18] =~ /
N[abcdfhv]/ ) {


        # X・Z・Y及びその直前・直後の要素を出力する（分類用）
        print ${"str$pre_word_4"}[17], "¥t", ${"str$pre_
word_4"}[18], "¥t", ${"str$pre_word_3"}[17], "¥t", ${"str$pre_word_3"}[18],
"¥t", ${"str$pre_word_2"}[17], "¥t", ${"str$pre_word_2"}[18], "¥t",
${"str$pre_word_1"}[17], "¥t", ${"str$pre_word_1"}[18], "¥t¥t¥t",
${"str$verb"}[17], "¥t", ${"str$verb"}[18], "¥t", ${"str$next_word_1"}[17],
"¥t", ${"str$next_word_1"}[18], "¥t", ${"str$next_word_2"}[17], "¥t",
${"str$next_word_2"}[18], "¥t", ${"str$next_word_3"}[17], "¥t", ${"str$next_
word_3"}[18], "¥t";
```

```perl
                    # 「XZY」を含む前後文脈を、指定された単位数で出力する
(文脈確認用)
                    for ($i = 0; $i <= $text_num*2; $i++) {
                        if ( $i < $pre_word_1 || $i > $next_word_2 ) {
                            print ${"str$i"}[17];
                        } elsif ( $i == $verb ) {
                            print "\t", ${"str$pre_word_1"}[17], "\t\t",
${"str$verb"}[17], "\t", ${"str$next_word_1"}[17], "\t", ${"str$next_
word_2"}[17], "\t";
                        }
                    }
                    print "\t", $line[$_],  "\n";

                # 助動詞とアスペクト標識が両方存在する場合
                } elsif ( ${"str$pre_word_2"}[18] =~ /N[abcdfhv]/ &&
${"str$pre_word_1"}[18] eq "D" && ${"str$next_word_1"}[18] eq "Di" &&
${"str$next_word_2"}[18] =~ /N[abcdfhv]/ ) {

                    # X・Z・Y及びその直前・直後の要素を出力する（分類用）
                    print ${"str$pre_word_5"}[17], "\t", ${"str$pre_
word_5"}[18], "\t", ${"str$pre_word_4"}[17], "\t", ${"str$pre_word_4"}[18],
"\t", ${"str$pre_word_3"}[17], "\t", ${"str$pre_word_3"}[18], "\t",
${"str$pre_word_2"}[17], "\t", ${"str$pre_word_2"}[18], "\t", ${"str$pre_
word_1"}[17], "\t", ${"str$pre_word_1"}[18], "\t", ${"str$verb"}[17], "\t",
${"str$verb"}[18], "\t", ${"str$next_word_1"}[17], "\t", ${"str$next_
word_1"}[18], "\t", ${"str$next_word_2"}[17], "\t", ${"str$next_word_2"}
[18], "\t", ${"str$next_word_3"}[17], "\t", ${"str$next_word_3"}[18], "\t";

                    # 「XZY」を含む前後文脈を、指定された単位数で出力する
(文脈確認用)
                    for ($i = 0; $i <= $text_num*2; $i++) {
                        if ( $i < $pre_word_2 || $i > $next_word_2 ) {
```

第3章　調査の概要

```
                        print ${"str$i"}[17];
                } elsif ( $i == $verb ) {
                        print "¥t", ${"str$pre_word_2"}[17], "¥t",
${"str$pre_word_1"}[17], "¥t", ${"str$verb"}[17], "¥t", ${"str$next_word_1"}
[17], "¥t", ${"str$next_word_2"}[17], "¥t";
                }
        }
        print "¥t", $line[$_],   "¥n";
    }
}
}

# コマンドプロンプトに処理済みファイルの通り番号を出力する
print STDERR $files[$filenum], "¥n";
$filenum++;
}
```

　このスクリプトの論理は以下のようになる。まず、各単語についてその品詞が他動詞であるかどうかをチェックする[6]。照合に成功した場合、次に、マッチングされた他動詞の前と後に名詞（主格名詞と対格名詞）が来るかどうかをチェックする。その際、他動詞に助動詞とアスペクト標識が付加された場合でもマッチングできるように調整する。この条件も満たされれば、マッチングされた他動詞とともに、前後の文脈をそれぞれ50語含めて出力するように命令する。

　続いて、形態的に抽出された「名詞＋（助動詞）＋他動詞＋（アスペクト標識）＋名詞」の用例を、さらに日本語の条件と合わせなければならないため、前節で設定したa〜iの条件で対象を絞り込む作業が必要である。その大半の条件は日本語と同様であり、形態素解析の情報を利用すれば容

6　BCCWJと異なり、SINICAでは動詞が自動詞か他動詞かが品詞情報としてタグに登録されているため、他動詞を抜き出す作業を省略できる。

易に判断できる。例えば、条件 abdefg であれば、X の直前と Y の直後の情報から判断可能である。条件 c に関しては、X の品詞が D、かつ出現形が「只」など助動詞の形を指定すれば、機械的に特定することができる[7]。また、条件 h は、Z が自動詞であるかどうかを判断するもので、抽出段階ですでにスクリプトによって指定されているため、ここでの処理は不要である。残るのは X が有生物名詞であるかどうかの条件 i のみである。この条件は日本語と同じく、プログラムによる機械的な判断が困難であるため、手作業による処理が必要となる。

7　D は「副詞」を示す標識である。SINICA では助動詞という品詞が独立して立項されておらず、副詞に含まれているため、助動詞を特定するには出現形の情報も必要である。

第二部

文レベルの成立要因

第4章　理論の枠組み

　本章では、文レベルから見た無生物主語他動詞文の成立要因を考察するために必要な理論を紹介する。第2章ですでに述べたように、先行研究において「名詞句階層説」と「他動性説」が提出され、無生物主語他動詞文の研究に大きな貢献を果たしている。しかし、文構成要素の一部である名詞または動詞の一方のみを考慮することに問題があるものと思われる。無生物主語他動詞文の成立は、単に名詞または動詞の一方だけの問題ではなく、両者が互いに影響し合うものであると考えられる。そのため、本書では名詞と動詞を同時に扱う連語論的アプローチを採用し、日中両言語の無生物主語他動詞文の成立要因とその異同を明らかにする。以下、連語論的アプローチについて詳しく説明する。

1　連語論的アプローチ

　言語学研究会（1983）によれば、「連語」とは「従属的な結びつきに基づく、2つあるいは3つの単語の組み合わせ」である。本書では、無生物主語他動詞文も特定の名詞と動詞との結びつきによって分類できると想定し、「主格名詞[1]」「対格名詞[2]」「動詞」の3つの単語の組み合わせ関係を考える。

　ただ、言語学研究会は従属的な結びつきのみを連語と認め、主格名詞による結びつきは陳述的な結びつきとし、連語論の対象としては認めていない。これに対し、鈴木（1983）、仁田（1985）、宮島（2005）は、主格名詞による結びつきは主語と述語という機能的な関係だけでなく、名付け的な

1　言語学研究会の用語を用いれば、本来は「ガ格名詞」と呼ぶべきである。しかし、本書では中国語を含めた分析を行うため、便宜上「主格名詞」という呼び方に統一している。

2　注1と同様で、本来は「ヲ格名詞」と呼ぶべきだが、本書では「対格名詞」に統一している。

レベルでの関係も担っているため、連語として扱うべき側面もあると述べている。この立場を受け継いだ連語論の研究に森山（1988）がある。本書では、無生物主語他動詞文の考察に際して主格名詞を論じる必要があるため、主格名詞による結びつきも連語として認める後者の考え方に従う。ただし、動詞に対する分類については、言語学研究会の記述を一部参考にしている。

　本書で用いた「連語論的アプローチ」という用語も、森山（1988）によって提示されたものである。森山の連語論的アプローチは、格の類型を分析するために用いられたものであり、その基本的な考え方は言語学研究会の研究に多くを拠っている。具体的な分析方法として、言語学研究会は「を」や「で」などの1つの格助詞ごとにそれと結びつく動詞との関係を検討するのに対し、森山は「～が～を」のようなさまざまな格のパターンを最初から設定した上で、格のパターンごとにその連語論的な意味を解析する点が異なる。しかし、「連語的な意味＝構造的に縛られた意味」という中核的な概念においては、両者は共通している。

　ここで断っておきたいのは、本書の研究対象は無生物主語他動詞文という「文」レベルのものであるが、第1章の5節でも述べたように、調査対象とする「XガYヲZ」という構文は、「主語」が「主格名詞」で示されたものに限定するなどの工夫を施した。そのため、本書においては、連語レベルでの「主格名詞」「対格名詞」「動詞」が実質上それぞれ文レベルでの「主語」「目的語」「述語」と1対1の対応関係を成していると言える。したがって、「文」の研究に「連語」の枠組みを用いることに問題はないと思われる。

2　連語論の適用範囲

　連語論では、(1)(2)のような「比喩的な表現」と、(3)(4)のような「慣用的な言い回し」を研究対象として認めていないため、本書でもこ

第 4 章　理論の枠組み

れらの用例を除外する[3]。

(1) 立って、それを見上げていた。視線が、針を追いかける。**秒針が時を刻んでいる**。──いったいどこなんだ、ここは？（北野勇作『昔、火星のあった場所』）

(2) 八十五年 9 月に**番組が幕を引く**まで主力ディレクターとして活躍し、八十二年以降はプロデューサーも兼務した。（山田満郎『8 時だョ！全員集合の作り方』）

(3) 馬術は選手の寿命が長く、**経験がものをいいます**。アトランタでは五十歳代の男性が優勝しました。（吉永小百合『吉永小百合街ものがたり』）

(4) 一年間の採石場暮らしで毒がまわり、脱走の**重労働が止めを差し**、どこかの山の中でひっそりと息絶えているのではと。（沢村凛『瞳の中の大河』）

　これらの表現は、単語と単語の結びつきが自由でなく、非恣意的な面が強い。また、その言語の文化による影響も大きい。例えば、(1) (2) の「時を刻む」「幕を引く」は、具体的な動作を描写するよりも、その動作をすることによって連想される比喩的な意味を表現しているほうが適切である。同様に、(3) (4) の「物を言う」「止めを差す」も、実際の動作をするのではなく、慣用的に他の意味に変化している。

　以上の理由から、本書は「比喩的な表現」と「慣用的な言い回し」を別扱いし、組み合わせが自由な結びつきから出発して、無生物主語他動詞文の成立要因を明らかにすることを試みる。言語学研究会によれば、対格名詞と他動詞との自由な組み合わせには、「対象への働きかけ」「所有の結び

3　他に、具体的な動作を表す動詞が比喩的に用いられたもの、例えば「言葉を**振り回す**」や「非を**投げかける**」のように動詞の意味が完全に抽象化されていないものも連語論では扱えない表現であるが、今回収集した用例の中にはそのような表現は見当たらない。

53

つき」「心理的な係わり」の3類がある。本書では、最も基本となる「対象への働きかけ」から考察を始める。この「対象への働きかけ」はさらに対格名詞の種類によって、「物に対する働きかけ」「事に対する働きかけ」「人に対する働きかけ」に分けられる。しかし、「チューリップが芽を出す」「屈辱が憎悪を生む」の「芽」「憎悪」のように、生産・出現動詞による結びつきでの対格名詞は、現れるまでには存在しないため、それに対して働きかけることも不可能である。誤解を招く可能性があるため、本書では「物に対する働きかけ」「事に対する働きかけ」「人に対する働きかけ」の代わりに、「対格名詞が物名詞の場合」「対格名詞が事名詞の場合」「対格名詞が人名詞の場合」と名前を変えて記述を行う。それぞれ第5章〜第7章で詳しく考察するが、その前に「主格名詞」「対格名詞」「動詞」のタイプに関する分類を説明する必要がある。まずは最も単純な対格名詞のタイプから述べる。

3 対格名詞のタイプ

　前節でも述べたように、本書では、言語学研究会の記述を参考にし、対格名詞を「物名詞」「事名詞」「人名詞」の3類に分ける。例を挙げると、「物名詞[4]」は「鍵がドアを開ける」の「ドア」、「事名詞」は「共産党が勢力を拡大する」の「勢力」、「人名詞[5]」は「空腹感が彼を苦しめる」の「彼」である。ただ、本章の1節でも説明したように、無生物主語他動詞文の構成要素には、主格名詞・対格名詞・動詞の3つがあるが、これら3つの変数を同時に扱うのは技術的にも記述的にも困難である。そのため、本書では種類が最も少ない対格名詞という変数を1つのタイプに固定し、この条

---

[4]　ここでいう「物名詞」は、言語学研究会（1983）の定義に従えば、他動詞で示される具体的な動作が物理的な働きかけを与えることのできる具体的なものを指すことになる。したがって、「洪水が人々を押し流す」の「人々」も「物名詞」として扱われる。

[5]　言語学研究会（1983：77）によると、組織を示す名詞が対格名詞の位置にある場合、人に対する働きかけを表す連語と見なすことのできるものがある。しかし、その基準が明示されていないため、本書では「国」や「政府」のような組織名詞を「人名詞」として認めていない。

54

件の下で主格名詞と動詞の2つの変数の関係を観察する。1つのタイプの対格名詞に対して調査を終えた後、次に他のタイプの対格名詞に対しても同じ方法で調査を行う。最もタイプが単純な対格名詞から説明に入るのはそのためである。この方法は、主格名詞と対格名詞、または対格名詞と動詞との関係に積極的に焦点を当てるわけではないが、記述の観点から、3つの構成要素の可能な組み合わせをすべて網羅していると思われる。次節より、対格名詞が「物名詞」「事名詞」「人名詞」の場合に、その主格名詞と動詞にそれぞれどのようなタイプがあるかを説明する。

4 対格名詞が物名詞の場合

4.1 主格名詞のタイプ

本書では、対格名詞を物名詞に限定した場合の主格名詞を、その他動詞文が描く事柄の成立要因に基づいて、「自律」と「他律」の2種類に分ける。ここでいう「自律」とは、他力を借りずに、主格名詞自身の力によってその他動詞文の事柄が成り立つ場合を指す。これはさらに、主格名詞の本来の性質に基づいて、「自然自律」「物質自律」「機械自律」「身体自律」「植物自律」という5類に下位区分される。それぞれの定義と例文は以下の通りである。例文は、実際のコーパスから抽出されたものを使用している[6]。

- ・自然自律
  定義：雨、風、太陽のような、自然現象としての力によるもの
  例文：<u>雨</u>が顔を打つ（松岡弘一『利己的殺人』）
- ・物質自律
  定義：汗（浸透性）、洗剤（洗浄性）のような、物質固有の性質によるもの

6　本節で挙げた例文は日本語のものであるが、中国語においても同じ分類基準が適用される。

例文：**汗**がシャツを濡らす（立原とうや『掟』）

・機械自律

定義：発電機、冷房機のような、動力源を持つ機械自身の力によるもの

例文：**発電機**がうなりをあげる（古澤亜童『中国花みるみる』）

・身体自律

定義：心臓、肺のような、身体の生理的な機能によるもの

例文：**心臓**が血液を送り出す（折原一『灰色の仮面』）

・植物自律

定義：果樹、草、種のような、植物自らの力によるもの

例文：**果樹**が実を結ぶ（矢口卓『ジャータカとブッダのお話』）

　一方、「他律」とは、主格名詞自身ではなく、人間の影響によって他動詞文の事柄が成立する場合を指す。例えば、「メスが皮膚を裂く」という事柄が成立するのは、主格名詞「メス」自身の力によるのではなく、背後にいる人間の力（影響）によるものである。本書ではこれを他律と定義し、以下の3類に細分化している。

・身体他律

定義：指、拳のような、人間が自分の意志で動かせる体の一部によるもの

例文：**ひとさし指**がくちびるをなぞる（杉村暎子『パストラル』）

・機械他律

定義：自動車のような、人間が操縦する動力源を持つ機械によるもの

例文：**車**が人をはねる（森詠『戦場特派員』）

・道具他律

定義：メス、筆のような、人間が事を行うのに用いる道具類によるもの

例文：**メス**が皮膚を裂く（沼正三『家畜人ヤプー』）

名詞の本来の性質と自律・他律との関係を観察すると、以下のことが分かる。「自然」と「植物」は、現実において人間の力によって動かされる可能性が低いため、収集された用例では自律のみが存在する。「機械」と「身体」は、人間の操作による場合と自らの力による場合があるため、自律と他律の両方が存在する。「道具」は、理論上人間の力がなければ動かないため、原則的に他律のみが存在する。そして、「物質」は、その名詞を構成する物質自体の物理的な性質によるものであるため、自律のみが存在する。

ここで注意すべき点は、1つの単語が複数の側面を持つことがあり、同じ単語でも意味的に2つ以上の分類に跨る可能性があるということである。本書の立場では、そのような複数の側面を持つ単語について、現実的にどの側面が働いて連語を形成するかに焦点を当てて分類を行っている。例えば、「雨が窓を叩く」の場合、「雨」は「自然自律」として分類されるが、「雨がシャツを濡らす」の場合は「物質自律」として捉えられる。したがって、分類を行う際には、主格名詞だけではなく、動詞も合わせて見なければ、主格名詞のタイプを判断することができない。実際、言語学研究会の記述において、同じ名詞が形成する連語でも結びつく動詞によって異なる分類になる場合が見られる。例えば、「電車で読む」のデ格名詞「電車」は「空間」を表すが、「電車で行く」の場合は「対象」、「電車で遅れる」の場合は「原因」として捉えられる。この分類の方針は、対格名詞が物名詞の場合だけでなく、事名詞と人名詞に対しても適用される。

4.2 動詞のタイプ

対格名詞を物名詞に限定したため、それに伴う動詞もすべて具体的な動作を表すものとなった。分類項目に関しては、言語学研究会の記述を参考にし、「変化」「移動[7]」「接触」「生産」の4項目に分ける[8]。以下にそれぞれ

---

7 「走る」「通る」のような、一般的に「移動動詞」と呼ばれるものとは区別される。
8 元の用語はそれぞれ「もようがえ」「うつしかえ」「ふれあい」「生産性」である。

の定義と例文を示す。なお、中国語の動詞が結果補語を伴う場合は、結果補語まで含めた部分を1つの動詞として認める。

・変化
　　定義：対象物のあり方または状態に変化を起こす動詞
　　例文：メスが皮膚を**裂く**（沼正三『家畜人ヤプー』）
・移動
　　定義：対象物の物理的位置を変化させる動詞
　　例文：西風が砂を**巻き上げる**（星野力『甦るチューリング』）
・接触
　　定義：対象物には状態変化も移動も起こさずに、単に接触に留まる動詞
　　例文：雨が顔を**打つ**（松岡弘一『利己的殺人』）
・生産
　　定義：何らかの物が生産される意味合いを持つ動詞
　　例文：果樹が実を**結ぶ**（矢口卓『ジャータカとブッダのお話』）

5　対格名詞が事名詞の場合

5.1　主格名詞のタイプ

　本書では、対格名詞が事名詞の場合、その主格名詞を物理的に実体を持つかどうかにより、「具体物」と「抽象物」の2種類に分類する。さらに、「具体物」を主格名詞の本来の性質に基づき、「自然物」「物質」「機械」「身体」「植物」「道具」の6類に下位区分される。定義と例文は以下に示す。

・自然物
　　定義：雨、風、太陽のような、自然現象としての力によるもの
　　例文：**風**が勢いを増す（浅倉卓弥『雪の夜話』）
・物質
　　定義：アルコール（溶解性、腐食性）のような、物質固有の性質によ

るもの

　　例文：**アルコール**が薬効を弱める（桝淵幸吉『薬の養生訓』）

・機械

　　定義：深度計、自動車のような、動力源を持つ機械によるもの

　　例文：**深度計**が故障を起こす（遠藤織枝『戦時中の話しことば』）

・身体

　　定義：心臓、神経のような、身体の生理的な機能によるもの

　　例文：**心臓**が発作を起こす（ロバート・ウィルスン『セビーリャの冷たい目』）

・植物

　　定義：花、葉、海藻のような、植物の力によるもの

　　例文：**海藻**が根腐れを起こす（高田宏『にっぽん風景紀行』）

・道具

　　定義：鍵、スキー板、ブレーキ管のような、人間が用いる道具類によるもの

　　例文：**ブレーキ管**が空気漏れを起こす（石本祐吉『製造現場をたずねる』）

　以上の6類に関しては、「自律」「他律」の区別がない点を除けば、分類項目は対格名詞が物名詞の場合とほぼ同じである。その理由は、対格名詞が事名詞の場合、用例がほとんど「自律」であるため、両者を区別する意味が無くなるからである。

　一方、「抽象物」は人間の活動によるものかどうかで、「抽象的関係」と「人間活動」の2種類に分類される。「抽象的関係」とは、現実の世界に存在する物事の内容や属性などに関する部分であり、「事柄」「作用」「時空」「様相」の4類に細分される。

・事柄

　　定義：事件、問題のような、現実に起きた出来事を表すもの

例文：**ロッキード事件**が話題を呼ぶ（大島渚『大島渚 1960』）
・作用
　定義：降雨、爆発のような、物理的に働きかける力によるもの
　例文：**降雨**が土砂崩壊をもたらす（大矢雅彦『自然災害を知る・防ぐ』）
・時空
　定義：一秒、一年、距離のような、時間または空間を表すもの
　例文：**距離**が恋愛を左右する（唯川恵『彼女は恋を我慢できない』）
・様相
　定義：混乱、秩序のような、物事の存在の有り様を表すもの
　例文：**混乱**が進歩を生む（ダン・S・ケネディ『悪魔の法則』）

　そして、「人間活動」とは、人間による精神や行為などを指し、「心理活動」「生理活動」「具体行為」「経済活動[9]」「言語文書」「思想学問」の6類に下位区分される。

・心理活動
　定義：嫉妬、思考のような、人間の感情・感覚・知的活動によるもの
　例文：**嫉妬**が興奮を呼ぶ（亀山早苗『男と女…』）
・生理活動
　定義：呼吸、脈拍のような、人間の身体に起きる生命に関する現象
　例文：**呼吸**が万病を癒す（栗田勇『白隠禅師の読み方』）
・具体行為
　定義：戦争、攻撃のような、具体的な動作を伴う人間の行動によるもの
　例文：**戦争**が激しさを増す（嘉門安雄『高校美術3』）
・経済活動
　定義：貿易、投資、供給のような、経済に関する人間の行動によるも

9　「売り」のように、解釈によって「具体行為」と「経済活動」のいずれにも該当する可能性があるものは、「経済活動」を優先して分類する。

例文：**貿易**が環境悪化をもたらす（嘉治佐保子『経済学の進路』）
・言語文書
　定義：評判、噂、ドラマのような、言葉として表現されたもの
　例文：**噂**が噂を呼ぶ（山室恭子『黄金太閤』）
・思想学問
　定義：宗教、主義、政策のような、人間の知的活動によって生産され
　　　　たもの
　例文：**宗教**が中世を創る（堺屋太一『知価革命』）

5.2　動詞のタイプ

　対格名詞を「事名詞」に限定したため、それに伴う動詞もすべて抽象的な動作を表すものである。なお、「言葉を**振り回す**」や「非を**投げかける**」のように、動詞の意味が完全に抽象化されておらず、比喩的に使用されている例は、連語論の規定により対象外とされるべきだが、2節で述べた通り、収集した用例にはそのような例は見当たらない。分類項目に関して、言語学研究会の記述を参考にし、「対象変化」「対象出現」「再帰変化」「再帰出現」の4項目に分けている[10]。以下にそれぞれの定義と例文を示す。

・対象変化
　定義：主格名詞とは別に存在する物事の動きや状態に変化を起こす
　　　　動詞
　例文：思考が現実を**変える**（海野弘『世紀末シンドローム』）
・対象出現
　定義：主格名詞とは別に存在する何らかの状態を出現させる動詞
　例文：ポイ捨てが公害を**生む**（波勝一広『スリランカで午後の紅茶を』）
・再帰変化

10　言語学研究会の分類では、「変化」と「出現」の2項目のみである。

定義：主格名詞自身にある動きや状態に変化を起こす動詞

例文：戦争が激しさを**増す**（嘉門安雄『高校美術3』）

・再帰出現

定義：主格名詞自身に何らかの状態を出現させる動詞

例文：キリスト教が大分裂を**起こす**（佐々木毅『宗教と権力の政治』）

　対格名詞が物名詞の場合において、「対象出現」と類似した概念として「生産[11]」という動詞分類を設けたが、「生産」では「主格名詞」と「対格名詞」が物理的な隣接関係を有する「所属物」と「被所属物」であるのに対し、「対象出現」では「主格名詞」と「対格名詞」が互いに独立した事象で、両者の間に生起の因果関係のみが存在する。以上の理由により、2種類の動詞を異なる用語で区別することにした。また、「対象」と「再帰」の区別は、厳密には動詞の性質によるものではなく、対格名詞が主格名詞に属するかどうかに由来するが、本書では手法上、対格名詞を1つのタイプに固定する必要があるため、両者の区別を動詞の分類で表すことにする。これにより、動詞の分類が2種類から4種類に増え、次章以降で紹介するコレスポンデンス分析という統計手法を適用する意義が大きくなる利点もある。

　なお、言語学研究会（1983：276）では、「する」「はじめる」「つづける」「おわる」といった機能動詞[12]と思われるものによる結びつきを研究対象から除外しているが、本書でもその規定に従う。ただし、特に注意すべき点として、「葉が日焼けを起こす」のような、「起こす」という動詞による表現が挙げられる。この動詞は全体的な結びつきが「葉が日焼けする」に置き換えられることから、一種の機能動詞のように見える。しかし、「起

11　「シャンデリアが微光を放つ」の「放つ」が該当する。

12　言語学研究会では機能動詞という用語を用いず、「動詞がさらに抽象化して（中略）を格の抽象名詞を動詞化するという、どちらかといえば助動詞的なはたらきしかしなくなる」と記述しているが、機能動詞の概念とほぼ同じである。

こす」には「上体を起こす」の例に見られるように、実質的な意味を持った本来の用法が存在し、具体的な用法を持たない典型的な機能動詞「する」とは区別される。さらに、連語論的アプローチは、具体から抽象へと派生する体系を想定している理論であるため、本来の意味と抽象化された意味を同時に持つ「起こす」を扱うことには意義がある。実際、言語学研究会（1983：76）では「起こす」を具体動詞から抽象動詞へ移行する過程の例として説明しており、「痙攣を起こす」のような、「日焼けを起こす」と同類のものも記述中に見られる。これらの理由により、本書では「起こす」という動詞による結びつきも調査対象に含めることにする。

6 対格名詞が人名詞の場合

6.1 主格名詞のタイプ

　対格名詞を人名詞に限定した場合、その主格名詞のタイプは5.1節と同様に、「具体物」と「抽象物」の2類に分けることができる。「具体物」の中には、「自然物」「機械」「道具」など様々なものが含まれるが、例が非常に少ないため、これらをさらに細分化する下位分類は設けない。以下に「具体物」の定義と例文を示す。

　・具体物
　　定義：自然物、機械、道具のような具体的に空間を占めるもの
　　例文：**ピアノ**が先生を呼ぶ（矢崎節夫『先生のピアノが歌った』）

　一方、「抽象物」は人間の活動によるものかどうかによって、「抽象的関係」と「人間活動」の2種類に分けられる。「抽象的関係」とは、人間の活動そのものによらず、現実の世界に存在する物事の内容や属性に関連するものであり、「事柄」「作用」「時空」「様相」の4類に下位区分される。それらの定義と例文を以下に示す。

・事柄

　定義：真実、事件のような、現実に起きた出来事を表すもの

　例文：**真実**が人を傷つける（荒木源『骨ん中』）

・作用

　定義：爆音、降雨のような、物理的に働きかける力を持つもの

　例文：**爆音**が魂を揺さぶる（ソニー・マガジンズ『uv』）

・時空

　定義：時代、距離のような、時間または空間を表すもの

　例文：**時代**が人をつくる（内田健三『戦後宰相論』）

・様相

　定義：地位、秩序のような、物事の存在の有り様を表すもの

　例文：**地位**が人をつくる（竹内均『頭にやさしい雑学読本』）

　そして、「人間活動」とは、人間の精神や行為そのものを指し、以下のように、「心理活動」「生理活動」「具体行為」「経済活動」「言語文書」「思想学問」の６つの類型に細分される。それぞれの定義と例文は以下の通りである。

・心理活動

　定義：空腹感、思考のような、人間の感情・感覚・知的活動によるもの

　例文：**空腹感**が彼を苦しめる（青沼静也『チェーンレター』）

・生理活動

　定義：病気、呼吸のような、人間の身体に起きる生命に関する現象

　例文：**病気**がかれをつれさる（白井桂一『ジャン・ピアジェ』）

・具体行為

　定義：戦争、攻撃のような、具体的な動作を伴う人間の行動によるもの

　例文：**戦争**が孤児を生む（赤川次郎『神隠し三人娘』）

・経済活動

定義：貧困、貿易、投資のような、経済に関する人間の行動によるもの

例文：**貧困**が山科家を悩ます（千田稔『明治・大正・昭和華族事件録』）

・言語文書

定義：小説、噂、ドラマのような、言葉として表現されたもの

例文：**小説**が小説家を動かす（朝日新聞社『一冊の本』）

・思想学問

定義：宗教、主義、政策のような、人間の知的活動によって生産され
たもの

例文：**宗教**が人間を狂わす（内田康夫『崇徳伝説殺人事件』）

6.2　動詞のタイプ

本節では、人間に対する抽象的な動作を表す動詞を扱う。分類項目として、「心理変化」「生理変化」「行為変化」「空間変化」「社会変化」の5類に分けられる。各類の定義と用例は以下に示す。この分類において、「行為変化」を除く各項目は、言語学研究会の記述を参考にしている。

・心理変化

定義：対象となる人に心理的な変化を起こす動詞

例文：幼稚園受験が子供を**苦しめる**（三木裕子『愛情遮断症候群』）

・生理変化

定義：対象となる人に生理的な変化を起こす動詞

例文：空腹感が彼を**苦しめる**（青沼静也『チェーンレター』）

・行為変化

定義：対象となる人にある行為をするように喚起させる動詞

例文：小説が小説家を**動かす**（朝日新聞社『一冊の本』）

・空間変化

定義：対象となる人に空間的な変化を起こす動詞

例文：死が二人を**分かつ**（スーザン・フォックス『結婚と償いと』）

・社会変化

　　定義：対象となる人に社会的な属性の変化を起こす動詞

　　例文：家父長的凝視が女を**モノ化する**（スティーブン・カーン『視線』）

第5章 対格名詞が物名詞の場合

　本章の目的は、対格名詞を物名詞に限定した場合の、文レベルから見た無生物主語他動詞文の成立要因を明らかにすることである。まず、日中の大規模コーパスから収集した用例の数を概観し、次にこれらのデータをコレスポンデンス分析という統計手法で分析し、無生物主語他動詞文の成立に影響する要因を検討する。最後に、主格名詞ごとに、それと結びつきやすい動詞のタイプとの関係を詳しく調査する。

1　集計結果

　第4章の分類基準に基づき、対格名詞を物名詞に限定した用例を主格名詞と動詞のタイプ別に集計した結果が［表5-1］のクロス表である。日本

[表 5-1] 無生物主語他動詞文の用例数

主格名詞 ＼ 動詞	変化		移動		接触		生産		合計	
自然自律	20	14	17	13	40	44	17	0	**94**	**71**
物質自律	24	3	8	0	1	2	4	0	**37**	**5**
機械自律	1	0	2	2	4	6	15	3	**22**	**11**
身体自律	0	1	6	0	2	3	3	9	**11**	**13**
植物自律	0	0	0	0	0	1	8	8	**8**	**9**
身体他律	3	5	0	8	18	62	0	2	**21**	**77**
機械他律	10	9	2	7	17	10	14	0	**43**	**26**
道具他律	17	4	1	2	6	10	2	0	**26**	**16**
合計	75	36	36	32	88	138	63	22	**262**	**228**

※ 各行点線の左側のマスが日本語、右側のマスが中国語の数である

語では 262 例、中国語では 228 例の用例が得られている[1]。全体的に日本語の用例数が中国語よりも多いが、これより適用される統計手法は相対的な関係を見る解析方法であるため、データの数に差があっても分析には影響しないと考えられる。

分布を概観すると、主格名詞の分類において、日本語では「自然自律」の用例が多くを占め、中国語では「自然自律」「身体他律」の用例が多いことが見られる。また、動詞の分類において、日本語では「変化」「接触」「生産」が「移動」の約 2 倍近く多いのに対し、中国語では「接触」が他の 3 種類の動詞よりも圧倒的に多いという違いが観察される。

2 動詞に対する要因分析

2.1 日本語の軸

本節では日本語の主格名詞と動詞の結合傾向を考察する。しかし、[表5-1] のクロス集計表だけではその傾向を観察することが難しいため、本書ではコレスポンデンス分析という統計手法を導入し、全体の結合傾向を探る。コレスポンデンス分析は、フランスの Benzecri によって 1960 年代に提唱された質的データの解析方法である。この方法の主な目的は、分析対象となる複数の変数を少ない次元に要約し、それらを 2 次元の散布図に表現して、座標の相対的な位置を手掛かりに変数間の関係を明らかにすることである。本書でコレスポンデンス分析を行うために使用したソフトウェアは R である[2]。[表 5-1] の日本語の部分に当たるデータを R の corresp 関数で解析し、その結果が [図 5-1] の散布図として示されている。

コレスポンデンス分析は、主成分分析などと異なり、パターンの分類が主な目的であるため、軸（次元）の解釈が難しい場合がある。しかし、今

---

1 「井戸が道を遮る」や「日本が空襲を受ける」のような、他動性が低い構文は熊（2009）で説明されており、本章で扱った「対格名詞が物名詞の場合」のものとは異なるレベルのものであるため、[表5-1] の集計には含めなかった。詳細については第 8 章で述べる。

2 インターネットで公開されているフリー統計解析ソフトウェアである。

第5章　対格名詞が物名詞の場合

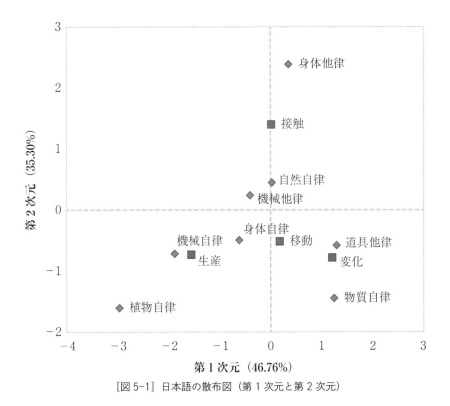

[図 5-1] 日本語の散布図（第 1 次元と第 2 次元）

回のデータで得た散布図からはある程度の傾向が観察できるため、軸（次元）の解釈を試みたい。なお、[表 5-1] のデータの場合、理論的に 3 つの次元の解を得ることができる[3]が、第 2 次元までの累積寄与率[4]が 82.06% と 8 割を超えているため、第 2 次元までの解析でおおよその傾向が把握できると判断し、第 3 次元の検討は行わないことにした。

　まず、動詞のタイプ（第 1 アイテム）の「変化」「移動」「接触」「生産」

3　解の次元数は、行数と列数の小さいほうから 1 を引いた数になる。ここでは主格名詞が 8 タイプで、動詞が 4 タイプであるため、得られる次元数は 3 になる。
4　累積寄与率とは、元のデータをどれだけ説明できるかを示す指標である。一般的に、コレスポンデンス分析では 80% 前後の数値であれば、分析された次元がデータの主要な情報を適切に反映していると考えられ、有効な解釈が可能であるとされている。

69

に注目する[5]。日本語の散布図においては、横軸（以下、「第1次元」とする）で「接触」「移動」「変化」が座標上の右側、正の方向に位置するのに対し、「生産」のみが左側の負の方向に位置している。前述のように、コレスポンデンス分析では、複数の変数を2つの次元で構成された散布図にプロットし、これにより各変数間の位置関係を手がかりにして、複数の変数の情報を要約することができる[6]が、この位置関係は「生産」が何らかの性質でマイナスであり、他の「接触」「移動」「変化」ではその性質がプラスであることを示している[7]。「生産」は「再帰的」という側面が強いという点で他の3つのタイプの動詞と区別されるため、ここでは第1次元を「再帰的」と「非再帰的」の違いを表すと解釈し、略して「再帰性[8]」と称する。高橋（1975）によれば、あるものとその生産物との関係は一種の所属関係を成しており、自分の所属物に働きかける構文は一種の再帰構文であるとされている。したがって、本書で扱った、生産物を表す対格名詞と「生産」の動詞による結びつきも、この定義に従えば広義の再帰的表現と見なすことができる。

　実際に用例を見ながら、この軸の解釈の妥当性について検討してみたい。第1次元の最も左端に位置する「植物自律」の用例を見ると、8例がすべて（1）のような「生産」の動詞による結びつきであることが見て取れる。この用例では、対格名詞「穂」が主格名詞「稲」の生産物となっている。すなわち、両者は一種の所属関係を成しており、高橋（1975）が主張する再帰構文に相当する。

5　名詞よりも動詞のタイプを先に検討する理由は、連語論的アプローチでは動詞が結びつきの軸になっているためである。

6　ただし、散布図にプロットされた変数間の距離はあくまで相対的な関係に過ぎず、絶対的なボリュームを示すものではない。そのため、解読の際には散布図と原データの実数を合わせて検討する必要がある。

7　または、「生産」がプラスで、「接触」「移動」「変化」がマイナスであるという解釈も可能である。コレスポンデンス分析は相対的な関係を示す手法であるため、軸を反転しても解釈の結果に影響はない。以下、他の軸に対する解釈にも同様の考えが適用される。

8　断っておくが、これは散布図を観察して得られた相対的な関係であり、本書では「再帰性」を「生産」の動詞に限定しているわけではない。

（1）ここ数年、**稲が穂を出す**時期がずれる。七月の中・下旬にきまっ
たように低温の日や異常高温の日が続くからである。（佐藤藤三郎
『村に、居る。』）

　同じく第1次元の左側に位置する「機械自律」については、22例中15
例、約7割が（2）のように「生産」の動詞によって形成された「再帰性」
を持つ結びつきである。残りの7例の中には、（3）のように「移動」の
動詞による結びつきが1例存在するが、対格名詞「水」が主格名詞「噴
水」の一部であることから見て、これも再帰構文と考えて良いだろう。

（2）青いビロードのカーテンが下がっている。**シャンデリアが微光を
放ち**、制服を着込んだ案内係がプログラムや菓子を売りにくる。
（森田裕子『サーカス』）
（3）広場の中央には円形の池があり、**噴水が水を噴き上げている**。池
の横を通りかかったミネルバは、そっと池の水に右手を入れてみ
た。（舞阪洸『陽炎のエラン』）

　これらに対し、軸の右側に進むほど「再帰性」を持つ結びつきの割合は
低くなり、中央付近に位置する「身体自律」「機械他律」「自然自律」では
再帰構文の割合が2〜3割程度である。そして、最も右側に位置する「道
具他律」「物質自律」では、再帰構文の割合がそれぞれ7.69%、10.81%と
さらに低くなっている。以上のように、第1次元は「再帰性」の程度を表
し、「再帰性」が強いものほど軸の左側に並んでいることが、再帰構文の
割合を観察することで確認された。
　次に、縦軸（以下、「第2次元」とする）に焦点を当てる。この軸では、
「生産」「移動」「変化」が座標の下側、負の方向にあるのに対し、「接触」
のみが上側の正の方向に位置する。この配置から解釈すると、これは「生
産」「移動」「変化」は何らかの性質がマイナスで、同じ性質が「接触」に

おいてはプラスであることを示唆している。具体的に、「生産」「移動」「変化」はいずれも対象に何らかの変化を及ぼす一方で、「接触」は単に対象に触れるだけで、何の変化も生じない[9]。つまり、対格名詞が受ける影響の度合い、いわゆる「受影性」が異なるわけである。この違いをもって、第2次元を「受影性」と解釈する。ここでの「受影性」の定義は、Hopper & Thompson（1980）に従い、ある対象が働きかけられ、それによって影響を受ける度合いを指す。散布図の位置関係においても、上から下へ「接触」「移動」「変化」と並び、「受影性」が低いものから高いものへ順序付けられており、この順序自体が「受影性」という解釈の裏付けとなっている。

これより、用例を見ながらこの軸の解釈の妥当性を検討する。最も下にプロットされている「植物自律」と「物質自律」の用例を観察すると、ほとんどが「受影性」の強い用例であることが分かる。前者はすべて（4）のような「生産」の動詞による結びつきであり、後者は（5）〜（7）のような「変化」「生産」「移動」の動詞による結びつきが合わせて97.30%を占めており、いずれも対象に状態の変化または空間の変化をもたらす「受影性」の強い動詞を取る構文である。

（4）麓の平地は、なめらかな泥の平原となり、そこに**草が芽を出し**花を咲かせ、樹木が芽ぶいて成長をはじめ…（半村良『黄金奉行』）

（5）これを4にもどして混ぜる。**油脂が気泡を消す**ので、バターを加えてからは混ぜすぎないように。（横田秀夫『ホテルのお菓子とデザート』）

（6）**木炭が一酸化炭素を発生し**て酸化鉄を還元するのに対して、薪の燃焼では一酸化炭素は出ません。（天田昭次『鉄と日本刀』）

（7）気候問題でもっと重要なことは、**大粒子が日射を散乱し**、また吸

9　「移動」は物理的な位置が変わることにより、変化の一種と見なすことができる。

収することによって、地表の気温に影響を与えること…（三崎方郎
『微粒子が気候を変える』）

中央の少し下に位置する「機械自律」「身体自律」「道具他律」の用例で
は、対象に状態または空間の変化を及ぼす動詞がいずれも8割前後を占め
ている。しかし、軸の上に行くほどその割合が低くなり、中央の少し上に
ある「機械他律」「自然自律」では、それぞれ60.47%と57.45%に減少す
る。さらに、最も上に位置する「身体他律」では、ほとんどが（8）のよ
うな「受影性」の弱い「接触」の動詞による結びつきであり、対象に変化
を及ぼす動詞の割合は21例中3例、14.29%に留まる。

（8）宇佐美の手は、あたしの額から頬にうつり耳に触れ、**ひとさし指
がくちびるをなぞる**。あたしはまぢかに迫っている彼をみあげる。
（杉村暎子『パストラル』）

以上のように、第2次元は「受影性」の度合いの違いを明確に示してお
り、「受影性」が強いものほど軸の下側に並んでいることが、対象に変化
を及ぼす動詞の割合を見ることによって確認できた。

2.2 中国語の軸

本節では、中国語における主格名詞と動詞の結合傾向を考察する。［表
5-1］に示された中国語の部分に当たるデータをコレスポンデンス分析に
かけ、その結果が［図5-2］である。

日本語と同様に、まずは累積寄与率を確認しておく。その数値を見る
と、第2次元までの累積寄与率が96.94%である。このことから、第2次
元までで9割以上のデータを説明できることが分かる。したがって、第3
次元の検討は行わないこととする。

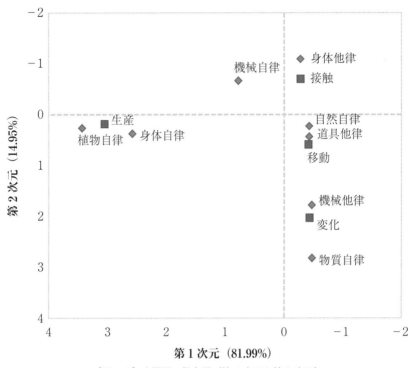

[図 5-2] 中国語の散布図（第 1 次元と第 2 次元）

　また、中国語の散布図[10]からもある程度の傾向が読み取れたため、日本語と同じ手順で軸（次元）に対して解釈を試みると、ほとんど同じ結果が得られる。具体的には、横軸（以下、「第 1 次元」とする）では、「接触」「移動」「変化」と「生産」が分かれており、「再帰性」を表していると解釈される。一方、縦軸（以下、「第 2 次元」とする）では、「生産」「移動」「変化」と「接触」が区別されているため、「受影性」を表していると考え

10　日本語の散布図と比較しやすいように、[図 5-2] では中国語の散布図の横軸と縦軸を反転して表示している。注 6 で述べた通り、コレスポンデンス分析では座標の相対的な位置関係が分析において重要であり、負荷量の正負は大きな問題ではない。そのため、軸を反転しても解釈の結果には影響がない。

られる。このように、日本語と中国語で共通の分析手法により解釈が可能であることが示された。

　用例を見ながらこれらの解釈の裏付けを行う。まず、第1次元の最も左側に位置する「植物自律」は9例中8例、約9割が（9）のような「生産」の動詞による結びつきである。日本語の軸の解釈で述べたように、この用例では、対格名詞「実」が主格名詞「向日葵」の生産物であるため、両者が所属関係を成しており、「再帰性」を持つ構文であると考えられる。

(9)　看過**向日葵結果**（訳：向日葵が実を結ぶ）時的様子嗎？在它那活像個大太陽的頭状花上，隱藏著兩種小花，一種是位於外緣的舌状花…（林桓『科學版』）

　次に、「植物自律」より少し右に位置する「身体自律」について見ると、13例中9例、約7割が（10）のような「生産」の動詞によって作られた「再帰性」を持つ結びつきであることが観察される。

(10)　這是因為胸肌和腋下靭帶支撐能力的降低，以及懷孕時，**乳腺分泌乳汁**（訳：乳腺が母乳を分泌する）造成的重量而失去張力所致。（江妙瑩『大台北經濟證券』）

　そして、軸の右側に進むにつれて、「再帰性」を持つ結びつきの割合がさらに減少する。原点の少し左に位置する「機械自律」では、その割合が3割を切っている。原点より右側に位置する「身体他律」「自然自律」「道具他律」「機械他律」「物質自律」では、「身体他律」を除き、「再帰性」を持つ「生産」の動詞との結びつきがほとんど見られなくなっている。整理すると、中国語の散布図における第1次元も「再帰性」の程度を示しており、「再帰性」が強いものほど軸の左側に並んでいると考えられる。

　中国語の第2次元の解釈の妥当性も、用例を挙げながら検討する。ま

ず、最も下に位置する「物質自律」では5例のうち3例が「受影性」の強い「変化」「移動」「生産」の動詞と結びついており、用例数が少ないため確固たることは言えないが、一応6割を占めている。次に、その上にある「機械他律」では「受影性」の強い動詞と結びつく割合が61.54%であるが、軸の上に進むにつれてその割合は減少し、「自然自律」「道具他律」「機械自律」では4割前後になり、最も上にある「身体他律」では77例のうち、対象に変化を及ぼす動詞との結びつきが15例しかなく、その割合は19.48%とさらに低くなる。一方で、軸の左側に位置する「植物自律」「身体自律」では、いずれも8割前後と少し極端な値を示しているが、これは第2次元への寄与率が低いこととも関係していると思われる。これらの観察から、第2次元では完全な順序は形成されていないものの、軸の下から上に向かって「受影性」が強いものから弱いものへと並ぶ傾向がある程度認められる。

　以上の解釈の結果からは、日中のいずれの言語でも「再帰性」と「受影性」が無生物主語他動詞文の成立において重要な要因であることが示唆されている。ただし、日本語と中国語で次元の寄与率に違いがあることが注目すべき点である。[図5-1]に示された日本語の第1次元と第2次元の寄与率はそれぞれ46.76%と35.30%であるが、[図5-2]の中国語では81.99%と14.95%となっている。すなわち、日本語では第1次元と第2次元が無生物主語他動詞文の成立において共に重要な役割を果たしているが、中国語では第1次元が最も大きな要因として機能し、第2次元は日本語に比べてそれほど影響力のある要因ではない。この点については後に再び言及するが、次節からは主格名詞のタイプ（第2アイテム）に焦点を当てつつ、動詞のタイプ（第1アイテム）との結合傾向を1つずつ検討していく。

3 主格名詞別に見る結合傾向

3.1 自然自律によるもの

まず、「自然自律」タイプの名詞を考えてみよう。日本語の散布図［図5-1］において、「自然自律」は原点に近い位置にプロットされている。これは、結びつく動詞のタイプに大きな偏りがないことを意味している。実際の用例数を基に考察すると、「自然自律」タイプの名詞はどの動詞ともよく結びついていることが観察される。（11）～（14）は、それぞれ動詞のタイプが「変化」「移動」「接触」「生産」の例である。

（11）**硫黄流が岩を砕いて**崖が崩れたり段差ができているため、車は通行止めになっており、彼らはかなり手前で車を降りて…（高野裕美子『マリン・スノー』）

（12）クライストカレッジの南入口あたりに出た。六月の日射しは強く、**西風が砂を巻き上げていた**。（星野力『甦るチューリング』）

（13）弘は住宅街の奥に向かって駆け出した。**雨が顔を打つ**。既に全身濡れ鼠だった。なぜだ！なぜだ！なぜだ！（松岡弘一『利己的殺人』）

（14）二階へ着がえに上がった。ヒューヒューと**風が音をたてている**。白樺の木がからだをうならせるようにして…（山崎玲子『もうひとつのピアノ』）

一方、中国語の散布図［図5-2］の場合、「自然自律」は日本語と同様に原点付近にプロットされているが、「生産」の動詞と非常に離れた位置にある。これは、中国語における「自然自律」が「生産」の動詞と結びつきにくいことを意味している。用例数を見ると、日本語が17例であるのに対し、中国語が0例という顕著な差が存在する。（15）～（17）は、それぞれ動詞のタイプが「変化」「移動」「接触」の例である。

(15) **桃芝颱風毀壞了樟湖風景區**（訳：桃芝台風が樟湖風景エリアを壊す），但其他風景區或觀光景點並沒有遭受直接破壞…（廖瑞宜『關懷森林生態之旅』）

(16) 他的步子跨得很大，**海風掀起衣角**（訳：海風が服をめくる），又活像一隻大花蝴蝶。秀子加緊緊著小步…（朱邦復『巴西狂歡節（五）』）

(17) 有一個夜晚我獨自睡在長濱山上的精舍裡，**暴雨敲打鐵皮屋頂**（訳：暴雨が鉄の屋根を打つ）…（普惠星相命理哲學中心『慈悲喜捨的意義與修習方法（3）』）

　以上をまとめると、「自然自律」に属する名詞は、日本語と中国語の両言語においても「硫黄流が岩を砕く」のような「受影性」の高いものから、「雨が顔を打つ」のような低いものまで、様々な動詞のタイプと結びつくが、中国語では「風が音を立てる」のような「再帰性」の強い「生産」の動詞とは結びつきにくいという現象が観察された。

3.2　物質自律によるもの

　「物質自律」タイプの名詞について見ると、日本語の［図5-1］では「変化」の動詞との関連性が最も強く、用例数も24例に及び、中国語の3例を大きく上回っている。これらの用例はすべて、「パン粉が水分を吸収する」「洗剤がよごれを落とす」「油脂が気泡を消す」のように、主格名詞の物質的な性質によって変化をもたらすものである。以下にその代表例を2つ挙げる。

(18) 生活にまつわる情報を紹介したサイト。**洗剤がよごれを落とす**しくみや、虫歯がなぜできるかなどの疑問も解決してくれる。（日本経済新聞社『理科であそぼう』）

(19) これを4にもどして混ぜる。**油脂が気泡を消す**ので、バターを加えてからは混ぜすぎないように。（横田秀夫『ホテルのお菓子とデ

ザート』)

　なお、中国語の散布図の［図 5-2］においても、「物質自律」に属する
名詞が「変化」の動詞と最も近い位置にあるが、実際の用例数は非常に少
なく、すべての動詞を合わせても 5 例しかない。これはあまり生産的な結
びつきとは言えないだろう。

3.3　機械自律と機械他律によるもの

　「機械自律」タイプの名詞について考えると、日本語では「生産」の動
詞と結びつきやすい。［図 5-1］において、互いに位置が近い上、他のタ
イプの動詞とは正反対の座標に位置している。言い換えれば、機械が自ら
動き出した場合、他のものに働きかけるほどの力を持たないことが多く、
代わりに「シャンデリアが微光を放つ」のように、「再帰性」が強い「生
産」の動詞による結びつきが現れやすい。(20)(21) がその典型例である。

(20)　その船から何隻かのボートが下ろされ、**エンジンが唸りをあげた**。
　　　メドゥーサ号の船長は部下に縄ばしごを下ろせ…（デイヴィッド・
　　　マレル『夜と霧の盟約』）
(21)　青いビロードのカーテンが下がっている。**シャンデリアが微光を
　　　放ち**、制服を着込んだ案内係がプログラムや菓子を売りにくる。
　　　（森田裕子『サーカス』）

　これに関連して、日本語の「機械他律」について見ると、散布図では
「機械自律」に比べて右上方へ寄っていることが分かる。その理由は、「機
械他律」が「生産」の動詞だけでなく、「変化」「接触」とも結びつくた
め、相対的に右上方に引っ張られたからである。つまり、同じ機械による
働きかけであっても、背後に人間の制御が含まれる場合は、「生産」に加
えて、「銃弾が胸を貫通する」「タイヤが路面を擦る」のような「再帰性」

が相対的に弱い動詞とも連語を作りやすいということである。(22)(23)
は「変化」の動詞、(24)(25)は「接触」の動詞との結びつきの例である。

(22) 弾丸が突きささっている。**銃弾が胸を貫通した**のだ。急に体から
力が抜けていくのを感じた。(山本恵三『ドッグファイター『神竜』』)

(23) 時速は六十数マイル。方向を変えるたびに、**タイヤが砂をえぐる**。
サスペンションは激しくはずみつづけている。(ケント・ハリント
ン『死者の日』)

(24) プッシュ型のトリガーを押すと撃発準備がなされ、離すとスプリ
ング力で**撃針が雷管を叩き**筒内の黒色火薬に点火し… (広田厚司
『ドイツの小銃拳銃機関銃』)

(25) やがて、車は元来た道を戻っていく。**タイヤが路面を擦る**微かな
音に、彼女は一度だけ振り返る。(今野緒雪『マリア様がみてる』)

中国語において、「機械自律」タイプの名詞は散布図[図5-2]で「接
触」の動詞と距離的に近い位置にあるが、用例が6例のみであるため、確
たる傾向とは言えない。一方、「機械他律」タイプの名詞は「変化」「移
動」の動詞に近く、「受影性」の高い動詞と結びつきやすい。(26)(27)
は「変化」の動詞、(28)(29)は「移動」の動詞との結びつきを示して
いる。

(26) 何以台電方面一再質疑是**吊車扯斷地線**(訳:クレーン車がアース線
を引き裂く)，主要是因為該地線是由七股鍍鋅絞鋼線絞成… (崔慈
悌『林園大跳電』)

(27) 中國時報記者徐宗懋在採訪六四天安門學潮時，**流彈穿頸**(訳:流
弾が首を貫通する)而過，死裡逃生的他… (董小狐『算命非常安全
守則』)

(28) 而**直升機群輸運特種部隊**(訳:ヘリコプター群が特殊部隊を運ぶ)

進入阿境時，將會有 AC-130 幽靈式戰鬥直升機…（陳文和『第二階段攻阿計劃』）

（29）連日來**直升機空投食物**（訳：ヘリコプターが食糧を空中投下する）到番仔田，前天傍晚居民接到強制撤離令後…（張南詠『番仔田居民』）

　この点において、日本語と中国語は類似しており、人間の力が関与しない機械は「受影性」の低い動詞と結びつくが、人間の力が関与する場合は「受影性」の高い動詞とも連語を作るようになる。ただし、このタイプにおける両言語の決定的な違いは、中国語で「生産」の動詞による結びつきがあまりないという点である。「機械自律」と「機械他律」を合わせても3例しかない。日中の散布図を比較すると、中国語では「機械自律」と「機械他律」が「生産」の動詞から少し離れた位置にあることも、その点を裏付けている。

3.4　身体自律と身体他律によるもの

　「身体自律」タイプの名詞に関して、日本語の［図5-1］を見ると、「移動」「生産」に近い位置にあるように見えるが、用例数が少なく、確たる傾向を示すには不十分である。これに対し、「身体他律」タイプの名詞は「接触」の動詞に近づくことが観察される。この現象は、人間の体が自律的に動く場合、結びつきやすい動詞のタイプは特にないが、人間が意識的に体を動かす場合、「片足が地面を蹴る」のように「接触」の動詞と連語を形成する傾向が現れることを意味している。用例数を見れば、「身体自律」の2例に対して、「身体他律」の18例に増えていることが分かる。以下に「接触」の動詞との結びつきの例を示す。

（30）宇佐美の手は、あたしの額から頬にうつり耳に触れ、**ひとさし指がくちびるをなぞる**。あたしはまぢかに迫っている彼をみあげる。（杉村暎子『パストラル』）

(31) 右より飛んできた独鈷を、まず軽々と弾き返した。**片足が地面を蹴った**。もう一方の足が爪先立った。(朝松健『真田三妖伝』)

一方、中国語では、「身体自律」が「生産」と強い関連性を持つことが散布図の［図5-2］で確認できる。その実例は以下のようなものである。

(32) 他開始緊張，背脊生涼，**手心冒汗**（訳：掌が汗をかく），爸爸就躺在病床上等著他，然雖只有一牆之隔的距離…（連明偉『多少年後的今天（1)』）

(33) 這是因為胸肌和腋下靭帯支撑能力的降低，以及懷孕時，**乳腺分泌乳汁**（訳：乳腺が母乳を分泌する）造成的重量而失去張力所致。（江妙瑩『大台北經濟證券』）

そして、人間の意志が介入する「身体他律」では、「再帰性」が強い「生産」から離れ、日本語と同様に「接触」の動詞に近づいている。用例数が「身体自律」の3例から「身体他律」の62例に増えていることからも、両者の間には非常に大きな差があることが明らかである。以下に、「接触」の動詞と結びつく用例を挙げる。

(34) 「好了，妳現在蒙著眼，不許看，要能做到**脚踏板子**（訳：足が板を踏む），再練用手去接。」「不行，讓我多練一會。」（朱邦復『東尼！東尼！（十二)』）

(35) 你可以調整手指的角度，**指尖觸弦**（訳：指先が弦を触る）是靠外側，置中或是内側，根據你自己的狀況來作調整。（孫沛元『中國樂器改良之隨想（三)』）

3.5 植物自律によるもの

「植物自律」タイプの名詞では、両言語の共通点として、「果樹が実を結

ぶ」「草が芽を出す」のような「生産」の動詞による結びつきに用例が集中していることが挙げられる。これは［図5-1］と［図5-2］の散布図からも観察できる。植物が自らの力で外部の何かを変化させることは現実的に困難であるため、「受影性」の高い動詞とは連語を成しにくい。しかし、自分に対する働きかけ、つまり「再帰性」が強い「生産」の動詞による結びつきを作ることは可能である。日中両言語の用例を（36）〜（39）に示す。

(36) 輪廻転生は信じられているだけではなく、田の水が稲をはぐくみ、**果樹が実を結ぶ**のと等しい…（矢口卓『ジャータカとブッダのお話』）

(37) 麓の平地は、なめらかな泥の平原となり、そこに**草が芽を出し**花を咲かせ、樹木が芽ぶいて成長をはじめ…（半村良『黄金奉行』）

(38) 看過**向日葵結果**（訳：向日葵が実を結ぶ）時的様子嗎？在它那活像個大太陽的頭状花上，隱藏著兩種小花，一種是位於外縁的舌状花…（林桓『科學版』）

(39) 雪嶽山有四個顏色，春夏是**枝頭冒新芽**（訳：枝が新芽を出す），成長苗壯的綠色；秋天則為層層楓紅所覆蓋，成為黃紅山…（周立芸『新竹關西一日遊』）

3.6　道具他律によるもの

この分類では、人間が意図的に道具を使って何らかの行為を行う用例を扱う。日本語の場合、「変化」に近い位置にあることが［図5-1］から分かる。すなわち、「道具他律」は、「メスが皮膚を裂く」のように、非常に「受影性」が強い動詞と結びつきやすいことが示されている。（40）（41）の例は、いずれも「変化」の動詞と結びついている。

(40) テツにはもうそれを省察する心の余裕はない。**メスが皮膚を裂く**ときの痛みも、熱さを我慢するのに吸収されてか…（沼正三『家

畜人ヤプー』）

(41) 誤って**注射針が神経を傷つける**ことによって起きる反射性交感神
経ジストロフィー（伊藤精介『沈黙の殺人者・Ｃ型肝炎』）

それに対し、中国語の場合、「道具他律」タイプの名詞は、［図5-2］に
よれば「移動」に近く、「変化」と「接触」の中間に位置している。日本
語と比べてそれほど「変化」に近づいてはいないが、座標の右側に位置す
ることから、「生産」の動詞と結びつきにくい点において、日本語と類似
した傾向が見られる。(42) ～ (44) はそれぞれ「変化」「移動」「接触」
の動詞と結びついた用例である。

(42) 萬料不到他適才竟是裝死，連**長槍刺入身子**（訳：ヤリが体を突き刺
す）都渾似不覺，斗然間又會忽施反撃，一驚之下，六七人勒馬退
開。（金庸『白馬嘯西風』）

(43) 獨輪車軋過路面的沉重轟鳴，喧嘩的外國女子高聲尖笑走遠，脚踏
車鈴，**踏板捲動鏈條**（訳：ペダルがチェーンを回す）沙沙滾轉…
（丁三點『蠻王孟獲在上海』）

(44) 一記外角快速球，陳文賓揮棒稍慢，只有**棒頭敲中球**（訳：バット
の先がボールを打つ），雖然未正中棒芯，白球還是飛過了全壘打牆
…（劉滌昭『卜派陳文賓』）

4　まとめ

本章の結論をまとめると、以下の点が言える。まず、対格名詞を物名詞
に限定した場合、日本語と中国語の無生物主語他動詞文の成立において、
動詞の「再帰性」と「受影性」が共通の要因として機能している。これと
関連して、名詞のタイプごとに結びつきやすい動詞の種類は、その名詞の
特性と深く関わっていることも明らかになった。例えば、「雨」「風」のよ
うな「自然自律」タイプの名詞は、本来大きな力を持つため、「受影性」

84

の高いものから低いものまで幅広い動詞と結びついて連語を形成している。一方で、「樹木」のような「植物自律」タイプの名詞は、外部に働きかける力が弱く、主に「樹木が実を結ぶ」のような「再帰性」の強い「生産」の動詞と結びついている。さらに、名詞の「他律性」も、結びつきやすい動詞のタイプとある程度関連していることが観察された。「機械」「身体」のような「自律」「他律」の両方になり得るタイプの名詞は、「他律」のほうが「自律」よりも「受影性」の高い動詞と結びつく傾向のあることがその証左である。

　一方で、日本語と中国語の最大の相違点は、日本語では「自然自律」「機械自律」「機械他律」タイプの名詞が「風が音を立てる」「シャンデリアが微光を放つ」「車が風を巻き起こす」といった「生産」の動詞との結びつきを数多く形成するのに対し、中国語では同じタイプの名詞にこのような結びつきがほとんど観察されないことである。つまり、中国語においては特定のタイプの名詞が動詞と結びつく際、その動詞が「再帰性」を持つかどうかが無生物主語他動詞文の成立に大きな影響を及ぼしている。2節で述べたように、両言語の散布図の寄与率を比較すると、日本語では「再帰性」を表す第1次元と「受影性」を表す第2次元が共に一定の比率を占めているのに対し、中国語では「再帰性」を表す第1次元がその大部分を占めている。この寄与率の違いも、中国語における「再帰性」という要因の重要性を示唆している。

　本章では、連語論的アプローチとコレスポンデンス分析を用いて、日本語と中国語の無生物主語他動詞文を調査・分析した。しかし、この分析は対格名詞を物名詞に限定した結論であり、無生物主語他動詞文の全体像を把握するためには、対格名詞が事名詞と人名詞の場合も合わせて考察する必要がある。この点については、それぞれ第6章と第7章で詳述する。また、今回の調査では主に文レベルの要因に焦点を当てたが、文章レベルの要因は考慮していない。この点に関しては、第三部の第9章以降で詳しく論じる。

第6章　対格名詞が事名詞の場合

　本章の目的は、対格名詞を事名詞に限定した際に文レベルから見た無生物主語他動詞文の成立要因を明らかにすることである。方法論は第5章と同様で、まずは日中の大規模コーパスから収集した用例の数を概観し、次にそのデータをコレスポンデンス分析にかけて、無生物主語他動詞文の成立に影響する要因を検討する。最後に、主格名詞別にそれと結びつきやすいタイプの動詞との関係を考察する。

1　集計結果

　第4章の分類基準に基づき、対格名詞を事名詞に限定した用例を主格名詞と動詞のタイプごとに示すと、［表6-1］のような結果となる。主格名詞に関する分類項目のラベルは文字数が多く、後に散布図で示す際に見にくくなるため、「具体物」の3番目の下位分類である「身体」を「G3」とするように、上位分類の頭文字と下位分類の順番で記された記号をラベルの先頭に加えた。

　コーパスを調査して得られた用例の数は、日本語が598例、中国語が353例である。対格名詞が物名詞の場合と同様に、全体的に見れば中国語よりも日本語の用例が多い。しかし、分析に用いるコレスポンデンス分析は相対的な関係に基づく解析法であり、データ数に差がある場合でも分析に支障は生じない。次節では、日本語と中国語に分けて主格名詞と動詞の結合傾向をそれぞれ考察する。

2　動詞に対する要因分析

2.1　日本語の軸

　本節では、日本語の用例を分析する。しかし、［表6-1］のクロス集計

87

[表 6-1] 無生物主語他動詞文の用例数

主格名詞 ＼ 動詞	対象変化		対象出現		再帰変化		再帰出現		合計	
G1 具体物（自然物）	2	3	2	9	17	4	3	1	24	17
G2 具体物（物　質）	25	18	11	4	2	0	12	1	50	23
G3 具体物（身　体）	0	0	7	3	7	0	35	10	49	13
G4 具体物（機　械）	0	0	2	3	13	1	13	2	28	6
G5 具体物（植　物）	0	0	1	0	0	0	3	1	4	1
G6 具体物（道　具）	7	5	4	2	5	2	6	2	22	11
T1 抽象的関係（事柄）	4	2	8	9	0	0	0	1	12	12
T2 抽象的関係（作用）	0	3	8	0	2	0	0	0	10	3
T3 抽象的関係（時空）	6	9	2	5	5	0	5	16	18	30
T4 抽象的関係（様相）	15	6	16	3	2	5	0	14	33	28
N1 人間活動（心理活動）	9	9	44	4	1	0	3	4	57	17
N2 人間活動（生理活動）	2	3	8	11	1	0	1	0	12	14
N3 人間活動（具体行為）	34	38	37	21	9	2	9	5	89	66
N4 人間活動（経済活動）	19	10	48	7	18	4	5	19	90	40
N5 人間活動（言語文書）	8	13	27	7	2	2	3	2	40	24
N6 人間活動（思想学問）	25	24	12	19	7	1	16	4	60	48
合　　計	156	143	237	107	91	21	114	82	598	353

※ 各行点線の左側のマスが日本語、右側のマスが中国語の数である

　表だけでは主格名詞と動詞の結合傾向が観察しにくいため、第 5 章と同様にコレスポンデンス分析を導入し、全体の結合傾向を探る。統計ソフトウェアは R を用いる。［表 6-1］の日本語の部分に当たるデータを R の corresp 関数で解析し、その結果は［図 6-1］の散布図で示される。

　累積寄与率を確認した結果、第 2 次元までの数値が 81.57% になっている。つまり、第 2 次元まで見れば 8 割以上のデータを説明できるため、第 3 次元は検討しないことにする。

第 6 章　対格名詞が事名詞の場合

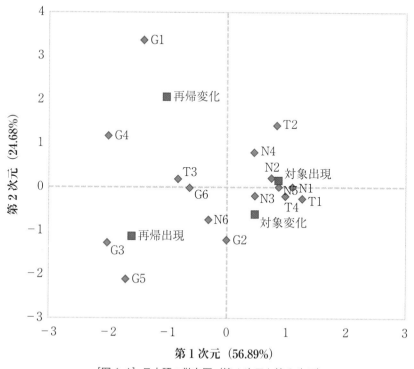

[図 6-1] 日本語の散布図（第 1 次元と第 2 次元）

　続いて、軸（次元）に対する解釈を試みる。まず、動詞のタイプ（第 1 アイテム）に注目する。［図 6-1］を観察すると、横軸（以下、「第 1 次元」とする）では「再帰変化」「再帰出現」が座標上の左側、負の方向に位置しているのに対し、「対象出現」「対象変化」が右側の正の方向に位置していることが分かる。具体的には、「再帰変化」「再帰出現」は何らかの性質がマイナスであり、その同じ何らかの性質が「対象出現」「対象変化」においてプラスであることを意味している。動詞のラベルが手掛かりにもなっているが、この何らかの性質は動詞の「再帰性」を表していると思われる。つまり、軸の左側には再帰的な結びつき、右側には非再帰的な結びつきが並ぶ傾向にある。

89

実際に主格名詞別にそれぞれの再帰的な結びつき（「再帰変化」と「再帰出現」による結びつき）が占める比率を検証すると、最も左側にある「G1具体物（自然物）」「G4具体物（機械）」「G3具体物（身体）」「G5具体物（植物）」は7～9割になっており、中間に位置する「T3抽象的関係（時空）」「G6具体物（道具）」「N6人間活動（思想学問）」「G2具体物（物質）」は3～5割、最も右側に集中するグループはいずれも2割以下である。以上のように、第1次元は「再帰性」の程度を示しており、「再帰性」が強いほど軸の左側に配置されていることが、再帰的な結びつきの割合を通じて確認された。

　次に、主格名詞のタイプ（第2アイテム）に注目しながら、動詞のタイプとの関係を観察する。［図6-1］を見ると、左側の再帰的な動詞群と結びつきやすい主格名詞は、ほとんどが具体物であり、右側は人間活動を含む抽象物が多いという傾向が見られる。［表6-1］の実数データもこの同様の傾向を示している。では、なぜ具体物のほうが抽象物よりも再帰的な結びつきになりやすいのか。この問題に対する答えを、再帰的な結びつきの用例を見ながら探ることにする。主格名詞が具体物の場合、その対格名詞は主に（1）～（4）の「氾濫」「炎症」などのように、主格名詞から直接に観察できる動きや状態、または目に見える特徴である。その理由は、主格名詞自体が具体物であるため、再帰的な結びつきを形成する際に、その側面となる対格名詞も実際に観察しやすいものであるのが通常だからであろう。

（1）数年前の集中豪雨のさいに、三井の森ゴルフ場下で**川が氾濫を起こし**、何戸かが流された事件を指摘している。（加藤久晴『傷だらけの百名山』）

（2）**プロペラが回転速度をあげた**。機は滑走しはじめた。シュトルヒは、ほどなくふわりと舞い上がる―東の空に消えていった。（草薙圭一郎『時空戦艦「大和」』）

第6章　対格名詞が事名詞の場合

（3）寝不足が続いていたある朝、鏡を見たら、左の頬が腫れていた。**歯ぐきが炎症を起こした**らしい。（阿木燿子『ちょっとだけ堕天使』）

（4）ガラス窓を開け放したとき、さし込んでくる日光の強さを半分にしないと、**葉が日焼けを起こし**、生育が悪くなる。（江尻光一『洋ラン栽培コツとタブー』）

それに対し、主格名詞が抽象物の場合は、実体を備えていないため、再帰的な結びつきを形成する際にその対象となる対格名詞も（5）（6）の「（知識の）不確実性」「（対策の）重要性」のように、目を通して観察しにくいものに限られることが多く、観察されたバリエーションも具体物のそれに比べて非常に少ない。以下の2例では、（1）〜（4）のように目に見える対格名詞を取ることが困難であると考えられる。

（5）**知識が不確実性を増し**流動化する時代においては、決まった知識を暗記し詰め込むだけの教育は意味をなしません。（佐藤学『教養教育は進化する』）

（6）少雨傾向の進む中，異常渇水が常態化する傾向にあり，**異常渇水対策が重要性を増している**ことは間違いない。（伊藤達也『水資源政策の失敗』）

ただ、実数データでも示されている通り、抽象物の中でも「N3 人間活動（具体行為）」「N4 人間活動（経済活動）」といった、再帰的な結びつきを作る能力を持つものが存在する。その理由は、このタイプの主格名詞は（7）（8）のように常に具体的な行動を伴うものや、（9）（10）のように数値で量化できるものなど、抽象的な概念とはいえ、目を通して間接的にその動きや状態などの特徴を捉えることができるからであろう[1]。

1　「N6 人間活動（思想学問）」タイプの主格名詞も再帰的な結びつきを多数形成しているが、これは別の理由によるものだと思われる。詳細は第2次元で説明する。

(7) **弾圧が苛烈さをます**一方、党内の中枢部に入ったスパイによって、資金づくりのための銀行ギャング事件が起き…（沢地久枝『昭和史のおんな』）

(8) その謂れは、昭和一九年、**太平洋戦争が激しさを増し**、勝敗の行方は大体決した頃のことである。（マイク濱田『ドリアンの歌』）

(9) **日経平均株価が下げ幅を拡大する**展開となったことや、ラ・パルレが前期の計算書類について監査人の意見不表明を…（Yahoo! ブログ『ビジネスと経済』）

(10) 円高の進展等にもかかわらず、**物価が安定基調を維持する**中で、内需を中心として景気が回復から拡大に向かった一年…（衆議院『会議録』第112回）

また、散布図の左側に寄っている「T3 抽象的関係（時空）」も抽象物でありながら再帰的な結びつきを形成しやすい特性を持っている。これらは(11)(12)に示されている「火薬庫」や「視界」のように、抽象度において連続性を有し、具体物との境界線が曖昧な空間名詞が多いため、その主格名詞の特徴が具体物のように目に捉えられやすくなり、再帰的な結びつきを形成する傾向を見せたのであろう。

(11) 1939 年 3 月 1 日に**旧陸軍禁野火薬庫が大爆発を起こし**、約 700 人もの死傷者が出ました。（大阪府枚方市『広報ひらかた』）

(12) 黒木が電話を切るのを待ってから沙霧は受話器を静かに置いた。雪がやや小止みになって、**視界が明るさを増した**。（門田泰明『黒豹キルガン』）

第 1 次元の意味を考察するために、先ほどの議論とは反対の場合も考慮する必要がある。つまり、なぜ具体物よりも抽象物が非再帰的な結びつきになりやすいかということである。この問題に対しては、非再帰的な結び

第6章　対格名詞が事名詞の場合

つきの用例を提示しながら答えを探る。まず、主格名詞が抽象物の場合、その例は（13）〜（16）のように、主格名詞と対格名詞が示す事柄の因果関係が比較的に明確で、理解しやすいことが多い。以下の例では、屈辱から憎悪が生じる理屈や、核戦争によって文明が破壊される経緯は、常識的に考えれば想像できるものであると思われる。

（13）　その十数年後である。**屈辱が憎悪を生み**、憎悪が野望を育んだ。その野望がユーラシアを流血の渦に巻き込み…（伊藤敏樹『モンゴル vs. 西欧 vs. イスラム』）

（14）　彼はビル・ロイスは生存主義者だと言っていた。**核戦争が文明を破壊する**のを待っている連中のひとりだと。（リック・ボイヤー『デイジー・ダックス』）

（15）　糖尿病などの生活習慣病と同様だ。**肥満が高尿酸血症をもたらす**メカニズムについてはさまざまな仮説が…（吉田和弘『健康診断の「正しい」読み方』）

（16）　これは**技術が民主主義を促進する**という楽観的な展望を述べたものであった。確かに、新しいメディア技術が…（ジョアンナ・ヌーマン『情報革命という神話』）

　しかし、主格名詞が具体物の場合、その用例は（17）（18）のように、主格名詞と対格名詞が描写する出来事の因果関係が（13）〜（16）と比較して少し理解しにくいと感じられる。（17）（18）を理解するためには、それぞれ「テレビばかり見ている子は人よりもテレビに興味を持ち、結果的に人と接することを嫌う」「IC タグに消費者の個人情報が内蔵され、商店がそれにアクセス可能である」といった媒介となる情報が必要である。これは、具体物が直接「事名詞」に影響を与えることが物理的に困難であることに由来すると考えられる。そのため、強い因果関係を感じることが少なく、常にその補完情報が求められる。（19）はその極端な例であり、

93

なぜ足が未来を作るのかを理解するには、その本を読まないと分からないものだと思われる。このように、具体物は抽象物に比べて「事名詞」に対して変化を及ぼす能力が劣っていることがうかがえる。

(17) 『テレビに子守りをさせないで』という本の中で，**テレビが自閉症をつくりだす**という主張をし，テレビを消すことを提唱…（林進『コミュニケーション論』）

(18) **IC タグがプライバシーを侵す**と考えられるのは、商店などから消費者が買った後だ。（井上能行『IC タグのすべて』）

(19) 海野　弘（うんの　ひろし）1939 年東京生まれ…（中略）…主な著書に『**足が未来を作る**』（洋泉社）…（海野弘『ウォーキングマガジン』）

もっとも、散布図の中央付近に位置する「G2 具体物（物質）」のように、直接「事名詞」に対して影響を与える能力を持つ特殊な具体物も存在する。ただし、これらの名詞は（20）（21）のように、ほぼ科学的な原理に基づいた比較的強い因果関係を持つものである。

(20) **ウイスキーが勇気をかきたてる**。勇気がないとフェリシアは言ったが、それは誤りだ。（ジョン・アップダイク『イーストウィックの魔女たち』）

(21) **牛乳が吐き気を増す**場合には，カルシウムを補うために低脂肪チーズやカルシウム含有飲料などをとる．（小林正『ナースのための糖尿病療養指導テキスト』）

第 1 次元を検討することによって得られた結論をまとめると、以下のようになる。具体物は目に捉えやすい特徴を多く持つため、それ自体の動きや状態などの側面における変化を描写する再帰的な結びつきが比較的成立

第6章　対格名詞が事名詞の場合

しやすいが、他の対象に抽象的な変化を及ぼす能力をそれほど持っていない。一方、抽象物は他の対象に抽象的な変化を引き起こしやすく、非再帰的な結びつきを形成しやすいが、目に見える特徴が少ないため、それ自体の動きや状態などの側面を描写する再帰的な結びつきにはなりにくい。

次に、縦軸（以下、「第2次元」とする）について検討する。［図6-1］を左右2つの部分に分けて観察すると、左半分では上部が「再帰変化」、下部が「再帰出現」であり、右半分では上部が「対象出現」、下部が「対象変化」と、4つの部分に分かれていることが確認できる。左半分に関しては、第1次元の検討から、主格名詞がほぼ具体物であることが明らかになったが、ここではさらに動詞との結合傾向を観察する。その結果、「G1具体物（自然物）」は「再帰変化」と結びつきやすいのに対し、「G3具体物（身体）」「G5具体物（植物）」は「再帰出現」と結びつきやすく、そしてその間に位置する「G4具体物（機械）」は「再帰変化」「再帰出現」と両方によく結びつく傾向が見られる。理由として、「自然物」のような動的なイメージが強いものは、(22)(23)のようにその動きの変化を描写する用例と相性が良い一方、「身体」「植物」のような動的イメージがそれほど強くないものは、(24)(25)のようにその状態の出現を描く用例が作りやすいことが考えられる。その中間に位置する「機械」は(26)(27)のように、動きの変化と状態の出現の両方を表現できている。

(22) 奥の小山へと目を向けると不意に**風が勢いを増した**。地表の雪が舞い上がり視界が五メートルにも満たなくなった。（浅倉卓弥『雪の夜話』）

(23) おそらく何か警告を発しにきたにちがいない。**竜巻が方向を転換して**、こっちに向かっているとでも？（アン・モロー・リンドバーグ『翼よ、北に』）

(24) 寝不足が続いていたある朝、鏡を見たら、左の頬が腫れていた。**歯ぐきが炎症を起こした**らしい。（阿木燿子『ちょっとだけ堕天使』）

95

(25) ガラス窓を開け放したとき、さし込んでくる日光の強さを半分に
しないと、**葉が日焼けを起こし**、生育が悪くなる。（江尻光一『洋
ラン栽培コツとタブー』）

(26) **プロペラが回転速度をあげた**。機は滑走しはじめた。シュトルヒ
は、ほどなくふわりと舞い上がる―東の空に消えていった。（草薙
圭一郎『時空戦艦「大和」』）

(27) 6 尺、約 1.8 メートル。[102] このあたりは十尋位の深度であるか
ら、**深度計が故障を起している**とも思えぬ。（遠藤織枝『戦時中の
話しことば』）

　続いて、主に右半分を占める抽象物については、「N1 人間活動（心理活
動）」「N2 人間活動（生理活動）」「N4 人間活動（経済活動）」「N5 人間活動
（言語文書）」「T1 抽象的関係（事柄）」「T2 抽象的関係（作用）」が「対象
出現」と結びつく傾向にあるのに対し、「N3 人間活動（具体行為）」「N6
人間活動（思想学問）」は「対象変化」と結びつきやすいことが実数データ
と散布図から観察される。同じ抽象物であるにも関わらず、異なる動詞
と結びつくのはなぜだろうか。その理由は、自然法則に関連していると思
われる。一般に、「出現」とは何らかの事象が起きる条件が揃っていれば
自ら現れるような、自然法則に従う現象である。対照的に、「変化」とは
何らかの事象を安定した状態から別の状態へ移すような、自然法則に逆ら
う現象である。つまり、何らかの新しい事象を「出現」させるよりも、既
存の事象を「変化」させるほうが困難であるため、「対象変化」と結びつ
きやすい主格名詞は、「対象出現」のそれに比べて相対的に影響力が大き
いと考えられる。例えば、(28) (29) の「屈辱」「肥満」といった人間の
内部に起きる「N1 人間活動（心理活動）」「N2 人間活動（生理活動）」は主
に「対象出現」と結びついているが、「対象変化」とはほぼ結びつかない。
その一方、(30) (31) の「行動」「桶狭間」のような人間の外部に起こる
「N3 人間活動（具体行為）」と、(32) (33) の「戦略」「法」のような人間

の知的活動による心的生産物である「N6 人間活動（思想学問）」は、「対象出現」と「対象変化」の両方と結びつく現象が観察される。これは、人間の内部に起きた心理活動や生理活動よりも、人間の外部に現れた具体的な行動や心的生産物のほうが、事名詞に対する影響力が大きいことを意味している。

(28) その十数年後である。**屈辱が憎悪を生み**、憎悪が野望を育んだ。その野望がユーラシアを流血の渦に巻き込み…（伊藤敏樹『モンゴル vs. 西欧 vs. イスラム』）

(29) 糖尿病などの生活習慣病と同様だ。**肥満が高尿酸血症をもたらす**メカニズムについてはさまざまな仮説が提唱…（吉田和弘『健康診断の「正しい」読み方』）

(30) 追求したいわけですが、その際に私が一言だけ言いたいのは、**行動が意識を変える**ということなんですね。（遠藤織枝『戦時中の話しことば』）

(31) 信康、亀姫の一男一女を挙げて、夫婦は琴瑟相和す関係だったが、**桶狭間が運命を変えた**。今川義元は永禄三年…（湯川裕光『安土幻想』）

(32) エンジンチューナー、チーム、ドライバーの努力により**戦略が勝敗を左右する**ようになった（田中康二『AUTO　SPORT』）

(33) 離婚率が急増したためである。欧米では**法が離婚を抑制し**，日本では社会がそれを抑制すると言われるが…（経済企画庁『国民生活白書』）

主格名詞の影響力に程度の差が存在することを示す証拠がもう１つある。実数データを見ると、「対象変化」と結びつきやすい「N3 人間活動（具体行為）」「N6 人間活動（思想学問）」は、同時に「再帰出現」とも結びつくことがうかがえる。散布図においても、特に「N6 人間活動（思想学

問）」が座標の左側に若干引き寄せられていることが観察される。具体的な用例を検討すると、これらはほぼ（34）〜（37）のように、主格名詞が潜在的に持つ何らかの力が発揮されることを表す結びつきである。潜在的な力を持つということは、その主格名詞が他の対象に対してある程度の影響力を持つ必要があることを意味する。したがって、人間の内部に起きる心理活動に該当する「想像」「悲しみ」のような、相対的に影響力の弱い主格名詞は、この種の結びつきにはなりにくいと考えられる。

（34）賞賜を軽くすると、それだけ**刑罰が威力を発揮する**。爵位の値打ちが高いのは、君主が人民を大事にしている証拠である。（商鞅『商君書』）

（35）**鼻療が効果を発揮する**のは、蓄膿症、肥厚性鼻炎、鼻腔炎、アレルギー性鼻炎、鼻づまり、鼻水、鼻よりくる頭痛および頭重、である。（山崎光夫『日本の名薬』）

（36）人間は、本能的に知っているの。**科学が力を発揮する**のは、ぼんやりと理解していることをより明確にする場合だけ。（鈴木光司『生と死の幻想』）

（37）私は、デフレが発生し、**金融財政政策が効果を発揮しない**可能性があるとみている。（スティーブン・ローチ『超大国の破綻』）

2.2　中国語の軸

本節では、中国語における主格名詞と動詞の結合傾向について考察する。中国語のデータをコレスポンデンス分析で解析した結果、［図 6-2］の散布図が得られた。

累積寄与率を見ると、第 2 次元までの数値が 84.54% である。これは、第 2 次元までのデータをもって 8 割以上の情報を説明できることを意味するため、第 3 次元の検討は行わないことにする。

第 6 章　対格名詞が事名詞の場合

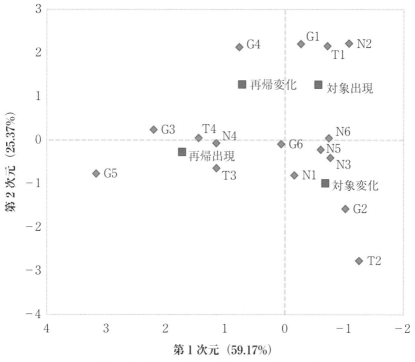

[図 6-2] 中国語の散布図（第 1 次元と第 2 次元）

　日本語と同じ手順で［図 6-2］の中国語の散布図[2]における軸（次元）の解釈を試みると、横軸（以下、「第 1 次元」とする）では日本語とほぼ同様の結果が得られた。まず、動詞のタイプ（第 1 アイテム）に注目すると、左側には「再帰変化」「再帰出現」、右側には「対象出現」「対象変化」がそれぞれ配置されており、横軸の両側に分かれているため、第 1 次元は「再帰性」を表すと考えられる。しかし、日本語との異なる点は、中国語の「再帰変化」がやや中央に寄っており、日本語と比べてそのタイプの動

2　日本語の散布図と比較しやすくするため、［図 6-2］では中国語の散布図の横軸を反転して表示している。コレスポンデンス分析においては、座標の相対的な位置関係が分析の際に重要視され、負荷量の正負は主要な問題ではないため、軸を反転しても解釈の結果に影響はない。

99

詞とそれほど結びつきを作らないことである。

　実際に主格名詞別にそれぞれの再帰的な結びつき（「再帰変化」と「再帰出現」による結びつき）の割合を計算し、この解釈の妥当性を検証しよう。第1次元の最も左側に位置する「G5 具体物（植物）」を見ると、用例は少ないものの、存在する1例が再帰的な述語と結合していることが確認される。さらに同じ左半分に位置する「G3 具体物（身体）」「T4 抽象的関係（様相）」「N4 人間活動（経済活動）」「T3 抽象的関係（時空）」「G4 具体物（機械）」は、およそ5〜8割程度の比率で再帰的な結びつきを形成している。軸の右側へ進むにつれて、その割合は減少し、中央付近の「G1 具体物（自然物）」「G6 具体物（道具）」「N1 人間活動（心理活動）」は2〜4割程度を保っているが、最も右側に集中しているグループはほとんど1割以下である。したがって、中国語における第1次元は「再帰性」の程度を表しており、「再帰性」が強いものほど軸の左側に位置していることが、再帰的な結びつきの割合を通じて再確認された。

　次に、主格名詞のタイプ（第2アイテム）にも注目しながら、動詞のタイプとの関係を観察する。日本語における分析では、主格名詞が具体物の場合、その特徴が視覚的に捉えやすいため、それを対格名詞にして「再帰性」の強い動詞と結合する傾向が確認されたが、中国語においても同様かどうかを検討する。［図6-2］を参照すると、具体物である「G3 具体物（身体）」「G5 具体物（植物）」は（38）（39）のような再帰的な結びつきを作り、日本語と類似した傾向が見られる。しかし、「G4 具体物（機械）」「G1 具体物（自然物）」は（40）（41）のような再帰的な結びつきだけでなく、（42）（43）のような非再帰的な結びつきも形成する現象が観察された。このことは、「再帰変化」との結合傾向が弱いことにも関連していると考えられ、詳細は第2次元の分析で論じることにする。

（38）治療後結疤（纖維化），或兩側上下**後臼齒窩發生潰瘍**（訳：後臼歯が潰瘍を起こす），緩慢靠自身防禦的力量痊癒而産生深深的疤…

第 6 章　対格名詞が事名詞の場合

（黃淑珍『如何戰勝鼻咽癌』）

(39) 大台北綠色遊程繽紛！竹子湖海芋早開了，**陽明山國蘭放綻富貴春色**（訳：蘭が春色を放つ），點點櫻、杏也為大地抹上春妝…（『民生報』2003 年 1 月 27 日）

(40) 我臉紅脖子粗地回罵。現在，對我來講，最幸福莫過於**飛機出故障**（訳：飛行機が故障を起こす），不是在天上，而是落到北京以後停飛。（王朔『空中小姐』）

(41) 夜似乎看穿我的心思，像看穿其他在它底下藏匿的人們一樣簡單，**風忽然增強力道**（訳：風が勢いを増す）呼嘯而過…（kitaro『Lady Jane（2）』）

(42) 鄭逢時説，**森林火車出意外**（訳：森林列車が事故を起こす），原本直升機應該去救人，結果救人的直升機反而出事…（『聯合晚報』2003 年 3 月 3 日）

(43) 建商在吳興街五十九巷底建大樓濫墾濫伐，擔心日後**豪雨會發生土石流**（訳：豪雨が土石流を起こす），危害當地居民…（『中國時報』2001 年 10 月 19 日）

一方、主格名詞が抽象物の場合は、作られた再帰的な結びつきは（44）（45）のように、対格名詞が直接的に視認しにくい「（心理状況の）変化」「（言語聴覚の）障害」に限定され、用例数もそれほど多くない。この現象は日本語においても類似した傾向が見られる。

(44) 在實際接觸到麻醉品後，自己也上了癮，**心理狀況起了變化**（訳：心理状況が変化を起こす），終至不能自拔，臣服在麻醉品的威力下。（朱邦復『巴西狂歡節（五）』）

(45) 一眼看不清楚、**言語聽覺發生障礙**（訳：言語聴覚が障害を起こす），這些現象通常幾分鐘、幾個小時便消失了而恢復…（台灣學術網路 BBS 站「為什麼中風？」）

101

ただ、「T4 抽象的関係（様相）」「N4 人間活動（経済活動）」「T3 抽象的関係（時空）」のように抽象物でありながら散布図のやや左側に位置し、再帰的な結びつきを形成する名詞も存在する。これらは、（46）（47）の「気温」「売上」のように数値で量化可能なものや、（48）の「環境」のように具体物との境界が不明瞭なものなど、特徴が視覚的に観察されやすいものが多い。なお、日本語では「N3 人間活動（具体行為）」も同様の理由で「戦争が激しさを増す」のような再帰的な結びつきを作る傾向にあるが、中国語ではそのような現象は確認されなかった。

（46）夏天暑熱難耐，**気温迭創新高**（訳：気温が最高記録を樹立する），不僅一般民眾吃不消，收容人更是受不了這股「酷燒」…（『中時電子報』1998 年 8 月 5 日）

（47）首先是**營業額創新高點**（訳：売上が最高記録を樹立する）。大眾八十二年，首度突破百億元營業額，達一百一十八億…（『天下雜誌』1994 年 4 月）

（48）總之，O 型－巨蟹座的人絕對不會因**環境産生變化**（訳：環境が変化を起こす），而感到無所適從。（張老師「O 型　巨蟹座」）

　以上、主格名詞のタイプと再帰的な結びつきの関係を観察してきた。続いて、非再帰的な結びつきとの結合傾向についても検討する。[図 6-2]によれば、主格名詞が抽象物の場合、他の対象に影響を及ぼす「再帰性」の弱い動詞と結合する傾向がある。その理由は日本語と同様で、主格名詞が具体物の場合、物理的に事名詞である対格名詞に変化や出現などを引き起こす可能性が低く、その因果関係を想定するのも困難だからである。例えば、（49）〜（53）はいずれも主格名詞が抽象物の例であるが、他人との比較によって欲望が生まれる理由や、風邪で副鼻腔炎が併発される関連性など、因果関係が常識的に理解しやすい状況になっている。

（49）比較的心理。知帶來比較，**比較產生各種慾望**（訳：比較が各種の欲望を生む）。所以有些人心中很難平衡，這是第一種知，有它的優點…（傅佩榮『智慧』）

（50）包括周人蔘和林政男三員警在內的七名被告，但周人蔘卻突然**以感冒引發鼻竇炎**（訳：風邪が副鼻腔炎を起こす）為由…（『中國時報』2003 年 2 月 20 日）

（51）因要避税，不能拿到銀行兌換，必須買東西消化。**消費帶動生產**（訳：消費が生産を動かす），對刺激景氣最有效。（『中國時報』2002 年 2 月 5 日）

（52）中晚期患者的體質多屬氣陰兩虛，甚至陰陽兩虛，**温熱療法能加強體內循環**（訳：温熱療法が体内循環を強める），使全身舒暢…（『聯合報』2003 年 3 月 10 日）

（53）並指這些例子可以被解讀為**氣候變化影響人類健康**（訳：気候変動が人類の健康を影響する）的早期跡象…（『中時電子報』1998 年 8 月 12 日）

それに対し、主格名詞が具体物の場合は（54）～（56）のように、その因果関係が成立する理由について少し考える必要がある、または、その理解を促進させるための追加情報が求められることが一般的である。特に（56）では、天体の運行が人間の事務にどのように影響を与えるかの想像が極めて困難である。

（54）人們可以更方便地做到他們在以前所想做的。**電話打破了隱私權**（訳：電話がプライベートを侵す），同時，在某種角度下…（陳坤宏「『空間』的省思」）

（55）**電動玩具會引發癲癇症**（訳：テレビゲームが癲癇を起こす），不過大多數研究發現，這種遊戲有廣大的教育和治療效果。（『兒童日報』1993 年 7 月 1 日）

（56）幾乎每一家報紙都有此類專欄。美國總統雷根與其夫人皆深信，**星星能影響人間事務**（訳：星が人間の事務を影響する）。（高涌泉『自然科學的邊緣與本質（1）』）

ただ、［図6-2］の散布図では、「G2 具体物（物質）」のような具体物でありながら他の「事名詞」に対し影響力を有する名詞も存在する。ここで考えられる理由は、日本語と同様に、その事象が成立する因果関係が科学的な原理に基づく比較的強いものであるためだと思われる。（57）（58）がその例である。

（57）政府也不打算解除此一禁令，因為**避孕藥會帶來副作用**（訳：避妊薬が副作用をもたらす），最近的原因則是可能會降低保險套…（董倩宜「日本女人性解放物語」）

（58）鼻咽癌病友手冊－如何戰勝鼻咽癌。簡介：**放射線治療鼻咽癌**（訳：放射線が上咽頭癌を治療する）的效果，已是不爭的事實…（黃淑珍『如何戰勝鼻咽癌』）

第1次元に対する解釈をまとめると以下のようになる。中国語における軸の解釈では、「再帰変化」の動詞がそれほど結びつきを形成しない点を除いて、日本語とほぼ同様の結果になった。すなわち、横軸は再帰的な結びつきと非再帰的な結びつきを区分し、具体物は前者と、抽象物は後者と結びつきやすいという傾向が示されている。ただし、これらの動詞と結合しやすい主格名詞のタイプには、両言語において若干の違いがある。

次に、縦軸（以下、「第2次元」とする）について考察する。ここでも日本語と同様に［図6-2］を左右に分けて検討する。具体物が多くを占めた左半分において、「再帰出現」は「G3 具体物（身体）」「G5 具体物（植物）」と結びつきやすいことが散布図から観察できる。一方で、「再帰変化」は「G4 具体物（機械）」「G1 具体物（自然物）」と近い位置にあるように見え

るが、［表6-1］の実数データを見ると、これら2タイプの名詞は「再帰変化」よりも「対象出現」とよく結びつくことが確認される。具体的な用例を見ると、「身体」「植物」のような動的イメージがそれほど強くないものは、（59）（60）のようにそれ自体の状態や特徴が出現したことを描く例が多い。それに対し、「機械」「自然物」のような動的イメージが強いものは、（61）（62）のように他の事象を引き起こしたことを描写する例が主である。なお、「T4 抽象的関係（様相）」「N4 人間活動（経済活動）」「T3 抽象的関係（時空）」も「再帰出現」と結びつくが、これらは具体的な動きを起こせない抽象物であり、動的イメージが弱いものとして捉えられる。ここまで述べてきたことをまとめると、日本語では動的イメージの弱いものは「再帰出現」と結びつき、強いものは「再帰変化」と結びつく傾向がある。しかし、中国語では動的イメージの弱いものは「再帰出現」と結びつく一方で、強いものは「再帰変化」ではなく「対象出現」と結びつくため、日本語とは異なる傾向が見られる。つまり、「再帰変化」による結びつきが少ないことが中国語の特徴と言える。

(59) 治療後結疤（纖維化），或兩側上下**後臼齒窩發生潰瘍**（訳：後臼歯が潰瘍を起こす），緩慢靠自身防禦的力量痊癒而産生深深的疤…（黄淑珍『如何戰勝鼻咽癌』）

(60) 大台北綠色遊程繽紛！竹子湖海芋早開了，**陽明山國蘭放綻富貴春色**（訳：蘭が春色を放つ），點點櫻、杏也為大地抹上春妝…（『民生報』2003 年 1 月 27 日）

(61) 鄭逢時説，**森林火車出意外**（訳：森林列車が事故を起こす），原本直升機應該去救人，結果救人的直升機反而出事…（『聯合晚報』2003 年 3 月 3 日）

(62) 建商在吳興街五十九巷底建大樓濫墾濫伐，擔心日後**豪雨會發生土石流**（訳：豪雨が土石流を起こす），危害當地居民…（『中國時報』2001 年 10 月 19 日）

そして、今度注目するのは、ほぼ抽象物によって占められた散布図の右半分である。この部分には、「対象出現」と「対象変化」という2つのタイプの動詞がプロットされていることが観察できる。日本語における考察では、「変化」は自然法則に逆らう現象であるのに対し、「出現」は自然法則に従う現象であるため、前者が後者に比べてそれと結びつく主格名詞の影響力が大きいことを主張した。実際の用例を確認すると、日本語では抽象物を示す主格名詞の大部分が「対象出現」と結びつきやすい一方、中国語では「対象出現」と結びつきやすい抽象物は（63）（64）の「T1 抽象的関係（事柄）」「N2 人間活動（生理活動）」に限られ、「N6 人間活動（思想学問）」「N5 人間活動（言語文書）」「N3 人間活動（具体行為）」「N1 人間活動（心理活動）」「T2 抽象的関係（作用）」などは、いずれも（65）～（69）のように、より強い影響力を要求する「対象変化」と結びつきを形成している。これらの結合傾向から、中国語においては日本語に比べて相対的に主格名詞の影響力が強いと推測される。［図 6-1］と［図 6-2］の右半分を比較すると、日本語では主格名詞が主に「対象出現」に集中しているのに対し、中国語では「対象変化」に集中していることがその証拠である。ここでも、日中両言語において異なる傾向が見られる。

(63) **事件引起社會高度關注**（訳：事件が社会の注目を引き起こす）後，簡又新在尚未釐清真相的第一時間，迅速批准…（『中國時報』2003年3月10日）

(64) 一九八八年一月六日，她因**氣喘引發心肺衰竭**（訳：喘息が心不全を引き起こす），情況一度危急，卻執意不肯離開丈夫上醫院治療。（光華雜誌社「芳妻愛存」）

(65) 中晚期患者的體質多屬氣陰兩虛，甚至陰陽兩虛，**温熱療法能加強體內循環**（訳：温熱療法が体内循環を強める），使全身舒暢…（『聯合報』2003年3月10日）

(66) 但是這一類的訊息，當時臺灣的人卻無從得知。**報導刺激戰情**（訳：

報道が戦況を刺激する）？在戰情升高時，當時「日日新報」更…
（陳淑美「臺灣篇」）

(67) 正在泡茶以去感冒！感謝苛征税猛説？匹普夫**人喝茶治感冒**（訳：
喫茶が風邪を治す）的功效，能不能像蓋若威先生的廣告那樣靈通？
（王家鳳「茶葉西遊記」）

(68) 讓人從過去看到**理智改造環境**（訳：理性が環境を変える）。只是這
個智慧，究竟是實體的資料知識，還是歷史研究的規範標準…（清
蔚園「為什麼學習歷史？」）

(69) 並指這些例子可以被解讀為**氣候變化影響人類健康**（訳：気候変動
が人類の健康を影響する）的早期跡象…（『中時電子報』1998 年 8
月 12 日）

　最後に、日本語では「対象変化」と結びつきやすい名詞のタイプは、
「再帰出現」とも結びつき、「〜が効果を発揮する」のような用例を作る傾
向にあるが、中国語でも同様の現象が観察されている。以下の（70）〜
（72）がその例である。

(70) 為什麼不造反？回答是高壓**恐怖政策發揮了威力**（訳：恐怖政策が
威力を発揮する）。譬如據當時的政府副總理薄一波回憶…（台灣學
術網路 BBS 站「人禍」）

(71) 最後由學校出面解決。我希望**校園刊物能發揮力量**（訳：学校出版
物が力を発揮する），請同學自我約束，不要再涉足這些場所。（政治
大學「淡大附近有聲有色」）

(72) 軍方為了確保**救火行動能發揮成效**（訳：消火活動が効果を発揮す
る），也曾在南部某基地附近開闢區域進行試投，效果還算不錯。
（『自由時報』1991 年 1 月）

3　主格名詞別に見る結合傾向

前節では動詞のタイプを中心に論じてきたが、本節では視点を変え、主格名詞のタイプから出発し、それと結びつきやすい動詞について考察する。主格名詞に関する分類項目は詳細にわたるため、すべてを列挙すると長大なものになる。したがって、本節では便宜上、「具体物」「抽象的関係」「人間活動」といった上位分類ごとに述べることとする。

3.1　具体物によるもの

本節では主格名詞が具体物によるものを検討する。散布図を確認すると、日本語においては、用例が原則的に（73）〜（78）のように再帰的な動詞と結びついていることが分かる。その理由は前節で述べた通り、具体物が視覚的に捉えやすい特徴を持つためである。その中で、動的なイメージが強い「G1 具体物（自然物）」は（73）（74）のように「再帰変化」、相対的に静的なイメージを持つ「G3 具体物（身体）」「G5 具体物（植物）」は（75）（76）のように「再帰出現」と、それぞれ結びつきを形成する傾向にある。「G4 具体物（機械）」の場合は、これらの中間に位置し、（77）（78）のように「再帰変化」「再帰出現」の両方の動詞と結合している。

(73) 奥の小山へと目を向けると不意に**風が勢いを増した**。地表の雪が舞い上がり視界が五メートルにも満たなくなった。（浅倉卓弥『雪の夜話』）

(74) おそらく何か警告を発しにきたにちがいない。**竜巻が方向を転換して**、こっちに向かっているとでも？（アン・モロー・リンドバーグ『翼よ、北に』）

(75) 寝不足が続いていたある朝、鏡を見たら、左の頬が腫れていた。**歯ぐきが炎症を起こした**らしい。（阿木燿子『ちょっとだけ堕天使』）

(76) ガラス窓を開け放したとき、さし込んでくる日光の強さを半分にしないと、**葉が日焼けを起こし**、生育が悪くなる。（江尻光一『洋

ラン栽培コツとタブー』）

（77）**プロペラが回転速度をあげた**。機は滑走しはじめた。シュトルヒは、ほどなくふわりと舞い上がる—東の空に消えていった。（草薙圭一郎『時空戦艦「大和」』）

（78）6尺、約1.8メートル。[102]このあたりは十尋位の深度であるから、**深度計が故障を起している**とも思えぬ。（遠藤織枝『戦時中の話しことば』）

また、具体物の中には、（79）（80）のように非再帰的な動詞と結合できる特殊な名詞のタイプも存在する。このような結びつきが成立するのは、科学的な原理に基づく強い因果関係によって保障されていると考えられる。

（79）**ウイスキーが勇気をかきたてる**。勇気がないとフェリシアは言ったが、それは誤りだ。（ジョン・アップダイク『イーストウィックの魔女たち』）

（80）**牛乳が吐き気を増す**場合には，カルシウムを補うために低脂肪チーズやカルシウム含有飲料などをとる．（小林正『ナースのための糖尿病療養指導テキスト』）

中国語においても類似した傾向が観察される。（81）〜（84）は日本語と同様に再帰的な動詞と結びついた用例である。しかし、日本語ではさらに主格名詞の動的イメージの強さよって、「再帰変化」「再帰出現」という異なるタイプの動詞と結びつくが、中国語ではほとんど「再帰出現」とのみ結合することが確認されている。これは、中国語における「再帰変化」による結びつきが少ないことを意味すると思われる。

（81）治療後結疤（纖維化），或兩側上下**後臼齒窩發生潰瘍**（訳：後臼歯

が潰瘍を起こす），緩慢靠自身防禦的力量痊癒而産生深深的疤…
（黄淑珍『如何戰勝鼻咽癌』）

(82) 大台北綠色遊程繽紛！竹子湖海芋早開了，**陽明山國蘭放綻富貴春色**（訳：蘭が春色を放つ），點點櫻、杏也為大地抹上春妝…（『民生報』2003 年 1 月 27 日）

(83) 鄭逢時説，**森林火車出意外**（訳：森林列車が事故を起こす），原本直升機應該去救人，結果救人的直升機反而出事…（『聯合晚報』2003 年 3 月 3 日）

(84) 建商在吳興街五十九巷底建大樓濫墾濫伐，擔心日後**豪雨會發生土石流**（訳：豪雨が土石流を起こす），危害當地居民…（『中國時報』2001 年 10 月 19 日）

そして、(85) (86) のように、科学的な強い因果関係に基づく、非再帰的な動詞と結びつく具体物に関する例も、日本語と同様にその存在が観察される。

(85) 政府也不打算解除此一禁令，因為**避孕藥會帶來副作用**（訳：避妊薬が副作用をもたらす），最近的原因則是可能會降低保險套…（董倩宜「日本女人性解放物語」）

(86) 鼻咽癌病友手冊－如何戰勝鼻咽癌。簡介：**放射線治療鼻咽癌**（訳：放射線が上咽頭癌を治療する）的效果，已是不爭的事實…（黄淑珍『如何戰勝鼻咽癌』）

全体的に見れば、具体物によるものは日中両言語において、いずれも目に捉えられやすいという特徴を持つため、それ自体の動きや状態の変化を描写する再帰的な動詞と結びつく共通の傾向がある。ただし、日本語では「再帰変化」「再帰出現」の両方の動詞と結びつくのに対し、中国語では主に「再帰出現」と結合することが顕著な相違点である。第 5 章の考察結果

第6章 対格名詞が事名詞の場合

と比較すると、中国語には何らかの言語上の理由から、「再帰変化」の動詞との結びつきを避ける傾向があると考えられる。

3.2 抽象的関係によるもの

　抽象的な関係によるものに関しては、日本語と中国語の結合傾向が類似している。両言語とも、「T3 抽象的関係（時空）」は再帰的な動詞と結合し、「T1 抽象的関係（事柄）」「T2 抽象的関係（作用）」「T4 抽象的関係（様相）」は非再帰的な動詞と結合している。前者は（87）（88）、後者は（89）〜（92）に、それぞれ日中の用例を挙げる。この傾向は、「T3 抽象的関係（時空）」が具体物と連続性を持ち、その外的な特徴が観察しやすいことに由来すると考えられる。

(87) 黒木が電話を切るのを待ってから沙霧は受話器を静かに置いた。雪がやや小止みになって、**視界が明るさを増した**。（門田泰明『黒豹キルガン』）

(88) 總之，Ｏ型－巨蟹座的人絶對不會因**環境産生變化**（訳：環境が変化を起こす），而感到無所適從。（張老師「Ｏ型　巨蟹座」）

(89) 実際そうであることが多い。でも、時には**偶然が人生を左右する**こともある。（デイヴィッド・アンブローズ『偶然のラビリンス』）

(90) 漢字の賀詞を使った一般的な年賀状の例。行書で親しみ深く。**絵模様が単調さを補っています**。形式は整っているが…（井上蒼雨『美しいかなの年賀状』）

(91) **事件引起社會高度關注**（訳：事件が社会の注目を引き起こす）後，簡又新在尚未釐清真相的第一時間，迅速批准…（『中國時報』2003年3月10日）

(92) 雖然不可能跟一般人完全一様，但仍要儘量走得平穩好看，「因為**外表會影響心理**（訳：外見が心理を影響する）…（張瓊方『走出一片天—傷殘模特兒顏美玲。』）

111

3.3 人間活動によるもの

　本節では、主格名詞が人間活動に由来する例を検討する。まず日本語の場合を考える。散布図によると、そのほとんどが（93）〜（98）のように、非再帰的な動詞の「対象変化」「対象出現」と結びついていることが確認できる。その理由は2節で述べた通り、このタイプの名詞が比較的理解しやすい因果関係を構築するためであろう。しかし、これらの用例には、（93）（94）のように比較的影響力を求めない「対象出現」と結びつくものと、（95）〜（98）のようにより強い影響力を求める「対象変化」と結合するものがある。前者は主に人間の内部に起きる「N1 人間活動（心理活動）」「N2 人間活動（生理活動）」に関連し、後者は人間の外部に起きる「N3 人間活動（具体行為）」や、心的生産物である「N6 人間活動（思想学問）」に関連している。この傾向は、後者が前者よりも事名詞に対する影響力があることを示唆している。

(93) その十数年後である。**屈辱が憎悪を生み**、憎悪が野望を育んだ。その野望がユーラシアを流血の渦に巻き込み…（伊藤敏樹『モンゴル vs. 西欧 vs. イスラム』）

(94) 糖尿病などの生活習慣病と同様だ。**肥満が高尿酸血症をもたらす**メカニズムについてはさまざまな仮説が提唱…（吉田和弘『健康診断の「正しい」読み方』）

(95) 追求したいわけですが、その際に私が一言だけ言いたいのは、**行動が意識を変える**ということなんですね。（遠藤織枝『戦時中の話しことば』）

(96) 信康、亀姫の一男一女を挙げて、夫婦は琴瑟相和す関係だったが、**桶狭間が運命を変えた**。今川義元は永禄三年…（湯川裕光『安土幻想』）

(97) エンジンチューナー、チーム、ドライバーの努力により**戦略が勝敗を左右する**ようになった（田中康二『AUTO　SPORT』）

第6章　対格名詞が事名詞の場合

(98) 離婚率が急増したためである。欧米では**法が離婚を抑制し**，日本
では社会がそれを抑制すると言われるが…（経済企画庁『国民生活
白書』）

主格名詞の影響力に程度の差があるという証拠がさらに1つある。実数
データを見ると、「対象変化」と結びつきやすい「N3 人間活動（具体行
為）」「N6 人間活動（思想学問）」は、同時に「再帰出現」とも結びつきや
すいことが見られる。具体的な用例を確認すると、これらはほとんど (99)
〜 (102) のように、主格名詞が持つ潜在的な力が発揮されることを表す
結びつきである。この潜在的な力が存在するということは、その主格名詞
が他の対象に対しても相応の影響力を有していることを意味している。

(99) 賞賜を軽くすると、それだけ**刑罰が威力を発揮する**。爵位の値打
ちが高いのは、君主が人民を大事にしている証拠である。（商鞅
『商君書』）

(100) **鼻療が効果を発揮する**のは、蓄膿症、肥厚性鼻炎、鼻腔炎、ア
レルギー性鼻炎、鼻づまり、鼻水、鼻よりくる頭痛…（山崎光夫
『日本の名薬』）

(101) 人間は、本能的に知っているの。**科学が力を発揮する**のは、ぼ
んやりと理解していることをより明確にする場合だけ。（鈴木光
司『生と死の幻想』）

(102) 私は、デフレが発生し、**金融財政政策が効果を発揮しない**可能
性があるとみている。（スティーブン・ローチ『超大国の破綻』）

次に、中国語側も検討してみよう。散布図からは、「人間活動」タイプ
の名詞が非再帰的な動詞と連語を形成する傾向にあることが示されてい
る。この点では日本語と同様である。しかし、詳細に分析すると、日本語
ではこれが偏りなく「対象出現」「対象変化」の両方と結びついているの

113

に対し、中国語では（103）の「N2 人間活動（生理活動）」以外、他の名詞が（104）～（107）のように、圧倒的に「対象変化」に集中していることが見られる。前述の通り、「対象変化」はより大きな影響力を要求する動詞であるため、それと結合する名詞も相応の影響力を持つことになる。

(103) 一九八八年一月六日，她因**氣喘引發心肺衰竭**（訳：喘息が心不全を引き起こす），情況一度危急，卻執意不肯離開丈夫…（光華雜誌社「芳妻愛存」）

(104) 患者的體質多屬氣陰兩虛，甚至陰陽兩虛，**溫熱療法能加強體内循環**（訳：温熱療法が体内循環を強める），使全身舒暢…（『聯合報』2003 年 3 月 10 日）

(105) 但是這一類的訊息，當時臺灣的人卻無從得知。**報導刺激戰情**（訳：報道が戦況を刺激する）？在戰情升高時，當時「日日新報」更…（陳淑美「臺灣篇」）

(106) 泡茶以去感冒！感謝苛征稅猛説？匹普夫人**喝茶治感冒**（訳：喫茶が風邪を治す）的功效，能不能像蓋若威先生的廣告那樣靈通？（王家鳳「茶葉西遊記」）

(107) 讓人從過去看到**理智改造環境**（訳：理性が環境を変える）。只是這個智慧，究竟是實體的資料知識，還是歷史研究…（清蔚園「為什麼學習歷史？」）

なお、中国語においても日本語と同様に、（108）～（110）のような表現が存在する。これらは「対象変化」と「再帰出現」の両方ともよく結びつく、「～が効果を発揮する」という意味を表す用例である。このような例は、主格名詞がそれなりの影響力を持つことを間接的に証明しているものでもある。

第 6 章　対格名詞が事名詞の場合

（108）為什麼不造反？回答是高壓**恐怖政策發揮了威力**（訳：恐怖政策が威力を発揮する）。譬如據當時的政府副總理薄一波回憶…（台灣學術網路 BBS 站「人禍」）

（109）學校出面解決。我希望**校園刊物能發揮力量**（訳：学校出版物が力を発揮する），請同學自我約束，不要再涉足這些場所。（政治大學「淡大附近有聲有色」）

（110）軍方為了確保**救火行動能發揮成效**（訳：消火活動が効果を発揮する），也曾在南部某基地附近開闢區域進行試投…（『自由時報』1991 年 1 月）

　以上をまとめると、人間活動による主格名詞は日中の共通点として、他の対象に抽象的な変化を引き起こしやすく、非再帰的な結びつきを形成しやすいことが挙げられるが、名詞自身が持つ影響力の程度には差があるように思われる。傾向としては、中国語の主格名詞のほうが日本語のそれよりも強い影響力を持つことがうかがえる。

4　まとめ

　本章の結論をまとめると、以下のようになる。まず、対格名詞を事名詞に限定した場合、日本語と中国語の無生物主語他動詞文の成立において、動詞の「再帰性」が共通の要因であることが確認された。また、各タイプの名詞がその性質によって結びつきやすい動詞の種類もある程度決まっていることが分かった。次に、両言語の共通点として、主格名詞が具体物であるほど「風が勢いを増す」のように、目で直接に捉えられるそれ自体の動きを描写する再帰的な結びつきになりやすいこと、逆に主格名詞が抽象物であるほど「核戦争が文明を破壊する」のように、他の対象に抽象的な変化を引き起こす非再帰的な結びつきになりやすいことが挙げられる。そして、日中の相違点として、主格名詞が抽象物の場合、日本語ではほとんど「屈辱が憎悪を生む」のように、それほど影響力がなくても引き起こせ

る「対象出現」タイプの動詞と結びつくが、中国語では「理智改造環境（訳：理性が環境を変える）」のように、より大きな影響力が求められる「対象変化」タイプの動詞と結びつきやすい点が挙げられる。これは、主格名詞の影響力という面で、日本語よりも中国語のほうが相対的に強い傾向があることを示している。つまり、Silverstein（1976）の名詞句階層において、同じ種類の名詞句でも言語によって異なる影響力を持つ可能性があるということになる。

　本章では、連語論的アプローチとコレスポンデンス分析を用いて、日本語と中国語の無生物主語他動詞文を調査・分析した。しかし、この結論は対格名詞を事名詞に限定したものである。無生物主語他動詞文の全貌を見るためには、対格名詞が物名詞と人名詞の場合も合わせて考察する必要がある。物名詞の場合はすでに第5章で議論したが、人名詞の場合は第7章で詳述する。また、本調査では主に文レベルの要因に焦点を当てており、文章レベルの要因を考慮に入れていない。この点については、第三部の第9章以降で詳しく考察する。

第7章　対格名詞が人名詞の場合

　本章の目的は、対格名詞を人名詞に限定した場合に、文レベルから見た無生物主語他動詞文の成立要因を明らかにすることである。方法論は第5章と第6章を踏襲し、まずは日中の大規模コーパスから収集した用例の数を概観する。次に、そのデータをコレスポンデンス分析にかけ、無生物主語他動詞文の成立に影響する要因を検討する。最後に、主格名詞ごとに、それと結びつきやすいタイプの動詞との関係を考察する。

1　集計結果

　第4章の分類基準に基づき、日本語と中国語の用例を集計した結果をクロス表で示すと、［表7-1］になる。表の行と列はそれぞれ主格名詞と動詞に該当する。第6章と同様に、主格名詞に関する分類項目のラベルは文字数が多いため、後に散布図で示す際の視認性を考慮し、各上位分類の頭文字と下位分類の順番からなる記号をラベルの先頭に加えるように、簡略化した記号を用意している。

　今回の調査で得た用例の数は、日本語が97例、中国語が78例であり、どちらも用例数が多いとは言えないが、これは対格名詞に名詞句階層の高い人名詞が来ることに関連していると思われる。全体の分布を概観すると、主格名詞の分類において、日本語では「N1人間活動（心理活動）」、中国語では「G具体物」の用例が最も多くを占めていることが分かった。また、動詞の分類において、両言語ともに「心理変化」が圧倒的に多いという共通の傾向が観察された。

[表 7-1] 無生物主語他動詞文の用例数

主格名詞 ＼ 動詞	心理変化		生理変化		行為変化		空間変化		社会変化		合計	
G　具　体　物	0	7	0	1	0	1	7	4	0	1	7	14
T1 抽象的関係（事柄）	2	4	0	2	0	0	0	0	0	0	2	6
T2 抽象的関係（作用）	1	5	0	0	0	0	0	1	0	0	1	6
T3 抽象的関係（時空）	1	4	1	0	0	0	4	3	9	0	15	7
T4 抽象的関係（様相）	0	2	0	0	0	0	0	1	3	1	3	4
N1 人間活動（心理活動）	9	1	7	1	4	2	1	0	0	0	21	4
N2 人間活動（生理活動）	0	0	0	0	0	1	6	0	0	0	6	1
N3 人間活動（具体行為）	5	5	3	3	4	3	3	0	4	1	19	12
N4 人間活動（経済活動）	4	2	0	0	1	1	0	0	0	0	5	3
N5 人間活動（言語文書）	5	10	0	0	1	0	0	0	0	1	6	11
N6 人間活動（思想学問）	8	7	0	0	3	1	0	0	1	2	12	10
合　　計	35	47	11	7	13	9	21	9	17	6	97	78

※ 各行点線の左側のマスが日本語、右側のマスが中国語の数である

2　動詞に対する要因分析

2.1　日本語の軸

　本節では日本語の用例を分析する。［表 7-1］では主格名詞と動詞の結合傾向が観察しにくいため、第 5 章と第 6 章と同様にコレスポンデンス分析を適用し、全体の結合傾向を探ることにする。使用した統計ソフトウェアは R である。［表 7-1］の日本語の部分に当たるデータを R の corresp 関数で解析した結果が［図 7-1］となる。

　［表 7-1］のデータに基づいたコレスポンデンス分析では、理論的に 4 つの次元の解を得ることが可能であるが、第 2 次元までの累積寄与率が 85.00％ に達しているため、この 2 次元での解析結果によりおおよその傾向が把握できると判断し、第 3 次元以降の検討は行わないことにした。

　コレスポンデンス分析は、パターンの分類が主な目的であり、軸（次元）

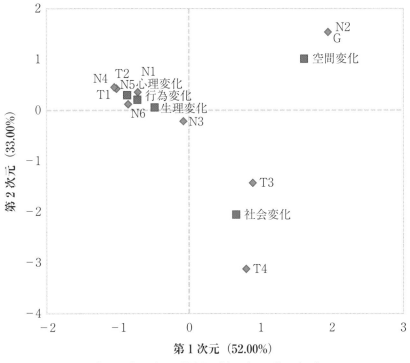

[図 7-1] 日本語の散布図（第 1 次元と第 2 次元）

の解釈が困難な場合がある。しかし、今回解析して得られた散布図からはある程度の傾向が観察できたため、以下に軸（次元）の解釈を試みる。まず、動詞のタイプ（第 1 アイテム）の「心理変化」「生理変化」「行為変化」「空間変化」「社会変化」に注目し、解釈を行う。日本語の散布図において、横軸（以下、「第 1 次元」とする）では、「心理変化」「行為変化」「生理変化」が座標上の左側、負の方向に位置するのに対し、「空間変化」「社会変化」が右側の正の方向に位置する。この現象は、「心理変化」「行為変化」「生理変化」は何らかの性質でマイナスであり、同じ性質が「空間変化」「社会変化」においてプラスである、ということを意味している。「心理変化」「行為変化」「生理変化」が人間の意識または精神という内面的な

側面の変化を描写する一方で、「空間変化」「社会変化」が外面的な側面の変化を中心としているため、第1次元を「内面的」と「外面的」の違いを表すと解釈し、略して「内面性」と称する。

　実際の用例を示しながら、この解釈の妥当性を検証する。［図7-1］からは、座標の左側に位置する名詞のタイプが、（1）〜（3）のような「N2 人間活動（生理活動）」以外の人間活動と、「T1 抽象的関係（事柄）」「T2 抽象的関係（作用）」であることが分かる。これらのタイプの名詞が「内面性」の高い変化をもたらす動詞と結合する割合を計算すると、原点付近の「N3 人間活動（具体行為）」が6割を占めているのを除くと、他のものはいずれも9割を超えている。

（1）死を恐れなかった一向一揆も、最近のオウム事件も、**宗教が人間を狂わす**危険性のあることを示す典型的な例です（内田康夫『崇徳伝説殺人事件』）

（2）これを「気狂いじみた考え」と呼んでいる。変革期に**理念がひとを動かす**おそろしさを、サトウは本当には知らなかったのであろう。（萩原延壽『外国交際』）

（3）今、**空腹感が彼を苦しめていた**。昨日は二日前に買っておいたコンビニのおにぎりを一個と牛乳を一杯だけしかのんでおらず…（青沼静也『チェーンレター』）

　そして、座標の右側に位置する「N2 人間活動（生理活動）」「G 具体物」「T3 抽象的関係（時空）」「T4 抽象的関係（様相）」は、いずれも「内面性」の高い変化をもたらす動詞と結びつきにくく、その割合はすべて1割程度を下回る数値になっている。以上のことから、第1次元は動詞が変化をもたらす「内面性」の度合いを表しており、その程度が強いほど軸の左側に位置することを確認することができた。

　続いて、縦軸（以下、「第2次元」とする）の解釈を試みる。この軸にお

120

いて、すべてのタイプの動詞を含めて解釈しても有意味な結果が得られなかったため、ここでは右半分の「空間変化」と「社会変化」、すなわち同じく外面的な変化を引き起こす側面を持つ動詞のみで解釈を試行する。ここで「空間変化」は座標の上側、正の方向に位置するのに対し、「社会変化」は下側の負の方向に位置する。これは、「空間変化」が何らかの性質をプラスとし、同じその何らかの性質を「社会変化」がマイナスとすることを意味する。「空間変化」「社会変化」はいずれも外面的な変化を引き起こす面において共通しているが、「空間変化」は物理的な存在位置という具体的な側面に重点を置く一方、「社会変化」は社会的な位置という抽象的な変化と考えることができる点で対照的である。これにより、第2次元は動詞の外面的変化が「具体的」か「抽象的」かの違いを表し、「具体性」と解釈することができる。

　実際の用例を挙げて、「具体性」という軸の解釈の妥当性を確認する。散布図の右上に位置する「N2 人間活動（生理活動）」「G 具体物」と結びつくのはすべて、（4）のような「具体性」の高い「空間変化」の用例である。これに対し、右下に位置する「T3 抽象的関係（時空）」「T4 抽象的関係（様相）」が同タイプの動詞と結びつく割合はそれぞれ 30.77% と 0.00% であり、いずれも低い比率を示している。これで、第2次元が動詞の外面的変化における「具体性」を表し、その度合いが高いほど軸の上に位置することが確認される。

（4）風邪には気をつけないと。いま、マルチビタミンを2種類飲んでおきました。**ベッドが私を呼んでいる**・・・・・（Yahoo! ブログ）

2.2　中国語の軸

　本節では、中国語の無生物主語他動詞文における主格名詞と動詞の結合傾向を観察する。中国語のデータをコレスポンデンス分析で処理した結果を［図 7-2］に示す。

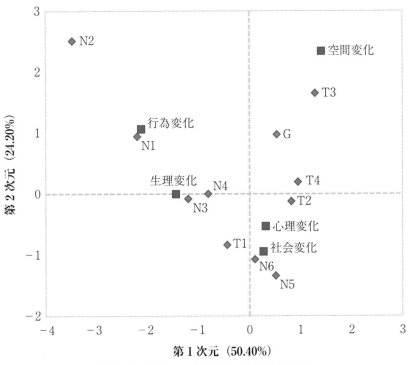

[図 7-2] 中国語の散布図（第 1 次元と第 2 次元）

　日本語と同様に、まず累積寄与率の数値を確認する。[図 7-2] を参照すると、第 2 次元までの累積寄与率が 74.60% であることが分かる。このことから、第 2 次元まで考慮すれば、データの 8 割近くを説明できることになる。そのため、第 3 次元以降は検討しないこととする。
　中国語においても、散布図からある程度の傾向を読み取ることができるため、日本語と同様の手順で軸（次元）への解釈を試みる。[図 7-2] の中国語の散布図では、「心理変化」を除けば、他の動詞の相対的な位置は日本語と大きく変わらないことが観察されるため、軸（次元）の解釈に関しても、日本語と類似した結果が得られると予想される。具体的には、横軸（以下、「第 1 次元」とする）は「内面性」を示し、縦軸（以下、「第 2 次

122

元」とする）は外面的な変化における「具体性」を示していると解釈される。「心理変化」の位置は日本語と比べて若干ずれているが、後に割合による軸の検討でも述べるように、これは中国語の横軸が日本語よりも全体的に右下方向にずれているためであると考えられる。

　以下では、具体的な用例を示しながら、これらの軸に対する解釈を裏付ける。まず第1次元の「内面性」に関しては、左側に位置する「N2 人間活動（生理活動）」「N1 人間活動（心理活動）」「N3 人間活動（具体行為）」「N4 人間活動（経済活動）」が挙げられる。これらはほとんど（5）（6）のように、「内面性」の高い変化を引き起こす動詞と結びついており、実際の用例数を基に計算すると、それらの割合はいずれも9割以上であることが確認される。

（5）**釣魚樂會影響另一半**（訳：釣りの楽しさがパートナーを影響する），
　　許多夫妻。情侶培養感情常選擇較靜態的釣魚活動…（『自由時報』
　　旅遊版）
（6）轎夫聽喊聲轉頭一看，驚呼道：新娘子昏過去了。**喊聲驚醒了月牙
　　兒**（訳：叫び声が月牙ちゃんを驚かす），她爬出花轎…（盧勁松
　　『Where are you？沙月魂』）

しかし、第1次元の右側を観察すると、右下に集中している「N6 人間活動（思想学問）」「N5 人間活動（言語文書）」「T1 抽象的関係（事柄）」「T2 抽象的関係（作用）」も「内面性」の高い変化動詞と結びつきやすい現象が見られ、その割合はいずれも8割以上である。右上に位置する「T3 抽象的関係（時空）」「G 具体物」「T4 抽象的関係（様相）」だけが、5〜6割と比較的低い比率になっている。これは、中国語の横軸が日本語に比べて全体的に右下方向にずれており、内面的な変化を引き起こす名詞の勢力が中国語では相対的に大きいことを示唆している。以上から、中国語の第1次元においても、原則として日本語と同様に、動詞が引き起こす変化の

「内面性」の程度を示しており、より内面的な変化を起こすものが軸の左側に寄ることが確認された。

続いて、第2次元においても実例を用いて検証を行う。この次元では、座標の右側、すなわち外面的な変化をもたらす動詞が、「具体的」か「抽象的」かによって分かれている。実際の用例を分析すると、右上に位置する「T3 抽象的関係（時空）」「G 具体物」「T4 抽象的関係（様相）」は（7）（8）のように、具体的な場所の変化を示す「空間変化」との結びつきが多く、その比率は「T3 抽象的関係（時空）」が 100.00% と最も高く、次いで「G 具体物」が 80.00 %、「T4 抽象的関係（様相）」が 50.00% となっている。一方、右下に位置する「N6 人間活動（思想学問）」「N5 人間活動（言語文書）」の用例数は少ないため確固たることは言えないが、割合的には 0.00% と、具体的な場所の変化を示す動詞と全く無縁のものになっている。以上の検討から、中国語の第2次元は外面的な変化における「具体性」の程度を表し、その度合いが高いものほど軸の上にプロットされることが改めて確認された。

(7) 但公共設施等未配合，**新市鎮吸引人口**（訳：新都市が人口を吸引する）的計劃往往失敗，國土也不斷被糟蹋。（光華雜誌「都市的誕生與成長」）

(8) 其**奇特景緻吸引數千名民衆**（訳：不思議な景色が数千名の民衆を惹きつける）到場觀賞，現場擠得水洩不通。（『中國時報』1999 年 8 月 18 日）

以上の解釈結果は、日中のいずれの言語でも、「内面性」と外面的変化における「具体性」が無生物主語他動詞文の成立において重要な要因であることを示唆している。ただし、動詞と結びつきやすい名詞のタイプには、両言語間で若干異なる傾向が見られる。

124

3 主格名詞別に見る結合傾向

前節では動詞のタイプを中心に議論してきたが、本節では視点を変えて、主格名詞のタイプごとに、それと結びつく動詞との傾向を見ていく。主格名詞のタイプに関する分類項目が詳細にわたり、すべてを列挙すると長くなるため、本節では便宜上、上位分類である「具体物」「抽象的関係」「人間活動」の項目ごとに述べる。

3.1 具体物によるもの

まず、具体物によるものについて考察する。日本語の場合、[図7-1]の散布図を観察すると、(9)(10)のように、「空間変化」タイプの動詞と結びつきやすいことが分かる。中国語においても、[図7-2]で示された通り、同様に(11)(12)のような「空間変化」タイプの動詞と結びつく傾向がある。

(9) 人通りのない場所でも手入れの行き届いた花壇があると、いつ人が来るか分からないからです。**花が人を呼ぶ**のです。(愛知県愛知郡東郷町『広報とうごう』)

(10) 風邪には気をつけないと。いま、マルチビタミンを2種類飲んでおきました。**ベッドが私を呼んでいる**・・・・・・(Yahoo! ブログ)

(11) 獨自走到沙灘上。海風包圍著我，**濤聲牽曳著我**（訳：波の音が私を牽引する），回憶便成了難以逃避的避難所。(朱邦復『巴西狂歡節（三）』)

(12) 其**奇特景緻吸引數千名民衆**（訳：不思議な景色が数千名の民衆を惹きつける）到場觀賞，現場擠得水洩不通。(『中國時報』1999年8月18日)

つまり、このタイプの名詞に関しては、日本語と中国語の両方で、人間の外面的かつ具体的な「空間変化」の動詞と結合する傾向が見られる。

3.2 抽象的関係によるもの

　抽象的関係によるものに関して、両言語の散布図を見ると、大方「T1
抽象的関係（事柄）」「T2抽象的関係（作用）」と「T3抽象的関係（時空）」
「T4抽象的関係（様相）」の２つのグループに分けて考えることができる。
まず、前者の「T1抽象的関係（事柄）」「T2抽象的関係（作用）」について
述べる。この２タイプの名詞は、日本語と中国語の両方において、（13）
～（16）のように、「心理変化」の動詞と結びつくことが多い。

(13) 高い理想に向けて試行錯誤を繰り返したからこそ実現したものだ。
   爆音が魂を揺さぶり、誰もの今に置き換えられる言葉が…（ソ
   ニー・マガジンズ『uv』）

(14) そしてこれこそが、川戸の言った「**真実が人を傷つける**」という
   ことの本当の意味なのかもしれなかった。（荒木源『骨ん中』）

(15) **暗示力量影響對方**（訳：暗示の力が相手を影響する）。語言的功用，
   乃是通過明言和暗示來影響和控制對方。（摩登原始人『「閏八月」後
   的兩岸關係』）

(16) 咪咪騷動不安，不斷自問：「我究竟是誰？是男是女？」**性別認同
   問題不斷困擾著他**（訳：性自認の問題が彼を悩ます）。（楊索『「變性」
   美女浩「劫」後』）

　しかし、もう１つのグループ「T3抽象的関係（時空)」「T4抽象的関係
（様相)」については、少し異なる傾向が見られる。日本語では、この２タ
イプの名詞が（17）（18）のように「社会変化」の動詞と結合しやすいの
に対し、中国語では（19）（20）のような「空間変化」と、（21）（22）の
ような「心理変化」の２つのタイプの動詞と結びつく傾向を見せている。

(17) つまりは貧乏な環境が、必要だった。**環境が天才モーツァルトを
   創った**のである。天才は生まれながらのもので…（五味康祐『ベー

126

第7章　対格名詞が人名詞の場合

トーヴェンと蓄音機』）

(18) どんな人でも社長になると、社長らしくなるのはどうして？　ビジネスマンの世界では**地位が人をつくる**とよくいわれます。（竹内均『頭にやさしい雑学読本』）

(19) 但公共設施等未配合，**新市鎮吸引人口**（訳：新都市が人口を吸引する）的計劃往往失敗，國土也不斷被糟蹋。（光華雜誌「都市的誕生與成長」）

(20) **晦澀詩風嚇跑讀者**（訳：難しい詩風が読者を追い出す）。詩的有聲傳統既然源遠流長，為何後來新詩又變成「無聲」呢？（李珊『詩人現聲－喚醒遺落的詩情』）

(21) 王傑已捨棄一身皮衣皮褲的浪子扮相，他説：「**歲月改變了我**（訳：歳月が私を変えた）。」回想十多年以來…（李筱雯『五億少爺陽帆 只剩回憶和失意』）

(22) 柏恩（WilliamBohn）認為這種　**新詩風啓發了未來派**（訳：新しい詩風が未来派を啓発する）所謂「無線電式想像」…（中時電子報『焦桐』）

まとめると、抽象的関係によるものは、「T1 抽象的関係（事柄）」「T2 抽象的関係（作用）」では日中において同じ傾向が見られるが、「T3 抽象的関係（時空）」「T4 抽象的関係（様相）」では異なる結びつきの傾向が確認された。なお、抽象的関係に属するものは、中国語の一部の主格名詞を除き、人間の外面的な変化を引き起こすことが多い。

3.3　人間活動によるもの

人間活動によるものについて、日本語では「N2 人間活動（生理活動）」が（23）（24）のような「空間変化」と結びつく例を除き、他の人間活動によるものはすべて（25）〜（30）のように「心理変化」「行為変化」「生理変化」といった人間の内面的な変化を引き起こす動詞と結びついている。

（23）ピアジェは、**病気がかれをつれさる**まさに直前に本書の完成をみて、大いに喜んだものである。（白井桂一『ジャン・ピアジェ』）

（24）ガブのように尊大で、しかも、**死が二人を分かつ**まで、という結婚の誓いを真剣に取ると言っている男が…（スーザン・フォックス『結婚と償いと』）

（25）ただし、その見きわめができないと、**向上心が自分を苦しめる**ことになる。歌手のマイケル・ジャクソン氏は…（斎藤茂太『「うつ」から元気になれる本』）

（26）死を恐れなかった一向一揆も、最近のオウム事件も、**宗教が人間を狂わす**危険性のあることを示す典型的な例です（内田康夫『崇徳伝説殺人事件』）

（27）適当に煙草を一つ買い、圭一は来た道を走った。**胸騒ぎが圭一を急き立てる**。途中、どこかの飼い犬が驚いて吠えた。（小杉健治『父からの手紙』）

（28）これを「気狂いじみた考え」と呼んでいる。変革期に**理念がひとを動かす**おそろしさを、サトウは本当には知らなかったのであろう。（萩原延壽『外国交際』）

（29）今、**空腹感が彼を苦しめていた**。昨日は二日前に買っておいたコンビニのおにぎりを一個と牛乳を一杯だけしかのんでおらず…（青沼静也『チェーンレター』）

（30）狩りの獲物にする動物はきわめて豊富なのに、絶え間なく**飢えがわれわれを苦しめる**し、狩猟動物は貴重な生活手段になる…（ファーブル『人に仕える動物』）

一方、中国語では、人間活動によるものがその結合傾向により、大きく2つのグループに分類される。1つ目のグループは「N1 人間活動（心理活動）」「N2 人間活動（生理活動）」「N3 人間活動（具体行為）」「N4 人間活動（経済活動）」であり、これらは人間の感情や知性、またはそれらによって

喚起された行為を示す名詞で、主に（31）〜（34）のように「行為変化」「生理変化」の動詞と結びついている。2つ目のグループは「N5 人間活動（言語文書）」「N6 人間活動（思想学問）」であり、これらは人間の知性による生産物を示す名詞で、（35）〜（38）のように「心理変化」「社会変化」の動詞と結びつきやすい傾向がある。

（31）**釣魚樂會影響另一半**（訳：釣りの楽しさがパートナーを影響する），許多夫妻。情侶培養感情常選擇較靜態的釣魚活動…（『自由時報』旅遊版）

（32）應再加強注意清潔，希望**清潔操運動能帶動小朋友自動學習**（訳：清潔体操が子供を自主学習させる）並養成衛生習慣。（『中時電子報』1998 年 10 月 1 日）

（33）轎夫聽喊聲轉頭一看，驚呼道：新娘子昏過去了。**喊聲驚醒了月牙兒**（訳：叫び声が月牙ちゃんを驚かす），她爬出花轎…（盧勁松『Where are you？沙月魂』）

（34）而石強──眼光卻洩露心事，眷戀地看向客房那一扇門。沒有**聲音喚醒她**（訳：声が彼女を起こす）。她還是很累…（言情文學『使你為我迷醉』）

（35）歌詞的内容並不是最重要的藝術工具，聽眾心中的領受能力才是決定**作品能否感動人**（訳：作品が人を感動させる）的要件。（『中國時報』藝術版）

（36）更何況，**伊斯蘭真正感動人心**（訳：イスラム教が人を感動させる）的力量蘊藏在古蘭經裡…（宗教哲学『清真溪流──古蘭經的新知音』）

（37）**電影製造了明星**（訳：映画がスーパースターを作る），明星也延續了電影的壽命，而且也增加了電影的票房。（中國電視公司『談電影話明星』）

（38）有人説，**平均主義出懶漢**（訳：平均主義が怠け者を作る），過去

二十二年出了多少懶漢？（台灣學術網路 BBS 站／九十年代雜志社
『人禍』）

このタイプの名詞の結合傾向を改めて整理すると、日本語では人間の内
面的な側面を変化させる動詞との結びつきが多く見られる一方、中国語で
は人間の内面的な変化を引き起こす動詞に加えて、「社会変化」のような
外面的な抽象変化を誘発する動詞との結びつきが多いと言える。

4 まとめ

本章の結論をまとめると、まず、対格名詞を人名詞に限定した場合、日
本語と中国語の無生物主語他動詞文の成立においては、動詞の「内面性」
と外面的な変化における「具体性」が共通の要因として機能していること
が言える。これに関連して、各タイプの名詞と結びつきやすい動詞の種類
は、その名詞の性質と深く関連していることも明らかになった。例えば、
「人間活動」による感情・知性のタイプの名詞は、「向上心が自分を苦しめ
る」のように、人間の内面的な属性である「心理変化」を引き起こしやす
い。一方で、「具体物」タイプの名詞は、「ベッドが私を呼ぶ」のように、
比較的外面的な属性を持つ「空間変化」の動詞と結びつくことが多い。た
だ、動詞の軸の解釈（成立要因の原理）に関しては、日本語と中国語であ
る程度の共通性が見られたが、各動詞と結びつきやすい名詞のタイプには
多少の相違点も存在する。この現象は、Silverstein（1976）の名詞句階層
において同じタイプの名詞が日本語と中国語でそれぞれ持つ影響力が異な
る可能性を示唆している。これは対格名詞が事名詞の場合でも観察された
共通の現象である。

本章では、連語論的アプローチとコレスポンデンス分析を方法論として
取り入れ、日本語と中国語の無生物主語他動詞文を調査・分析した。しか
し、本調査の結果は対格名詞を人名詞に限定したものであるため、無生物
主語他動詞文の全体像を見るためには、対格名詞が物名詞と事名詞の場合

も合わせて分析する必要がある。これについては、第5章と第6章での考察を踏まえ、さらに詳細な内容を第11章の「結論」で述べる。また、今回の調査では主に文レベルの分析に限定されており、文脈全体を考慮した文章レベルの分析は行われていない。この点については、第三部の第9章以降で詳しく考察を行う。

第8章 その他の構文に関して

　本章では、文レベルの要因が影響していると考えられるが、連語論的アプローチでは処理できない、または第5章〜第7章で取り上げられていない無生物主語他動詞文について記述する。前者には「静的描写を表す動詞によるもの」と「機能動詞またはそれに相当する動詞によるもの」が挙げられ、後者には「所有動詞・心理動詞によるもの」がある。

1　静的描写を表す動詞によるもの

　第5章で考察された物名詞が対格名詞となる用例に関して、その動詞は原則的に「変化」「移動」「接触」のような動的描写を示すものである。しかし、実際には後に挙げる「包囲」「充満」「遮断」のような静的描写を表す動詞が使用される用例も多数存在する。これらのタイプの動詞による構文は、比喩的に用いられる面があるため、連語論の枠外とされるが、主格名詞のタイプに明らかな傾向が見られることと、用例数がある程度存在することの2点から、記述する必要性があると思われる。

　静的描写を表す動詞とともに現れる主格名詞は、本書では「空間存在」と称する非常に特殊な名詞のタイプに集中している。このタイプの名詞は、「メキシコ暖流が国を包む」のような包囲動詞によるもの、「西日が車内を満たす」のような充満動詞によるもの、「樹木が日差しを遮る」のような遮断動詞によるものの3種類の構文を形成する。これらは熊（2009）の考察において、「能動的な文」の中の「静的な描写」と定義されたものに相当するが、先行研究ではその存在の提示に留まり、原理については説明されていない。

　本書の立場では、これらの構文も他動性が低いことが理由で、無生物主語他動詞文として成立しやすいのではないかと考えられる。例えば、「樹

木が日差しを遮る」では、動詞「遮る」という行為を完遂させるには、何かが空間的に占める存在であれば良いため、無生物名詞でも主語になり得る。これは日中の両言語において観察される共通の現象である。具体的な用例として、まず「包む」「覆う」「挟む」などの包囲動詞によるものが挙げられる。日本語の用例には（1）（2）、中国語の用例には（3）（4）がある。いずれも物理的な空間を占めたものが、その存在によって何らかを包囲する意味合いを持つものである。

（1）人の住めない山地がないから、耕作面積は多い。**メキシコ暖流が国を包み**、たえず細かい雨を降らせ、国中が緑に覆われている。（野田知佑『世界の川を旅する』）

（2）西北、と呼ばれる冬の季節風が二日も三日も激しく吹きつのり、**砂塵が空を覆い**、屋根瓦や商店の看板が吹っ飛ぶ。（中津文彦『塙保己一推理帖』）

（3）我常常在人少的時候，獨自走到沙灘上。**海風包圍著我**（訳：海風が私を包む），濤聲牽曳著我，回憶便成了難以逃避的避難所。（朱邦復『巴西狂歡節（三）』）

（4）到了冬天，**白雪覆山**（訳：白雪が山を覆う），提供冬運人士絶佳的滑雪場地，當春季來臨時，候鳥群聚…（海天遊蹤旅遊雜誌社『―朝聖之路（上）―』）

　次は、充満動詞による構文について述べるが、このタイプの動詞は主に「満たす」である。この分類に属するものは多くはないが、日本語と中国語の用例を挙げると、それぞれ以下の（5）（6）と（7）（8）になる。これらの用例では、主格名詞の物理的な存在が対格名詞の示す空間を充満させる様子が観察できる。

（5）海岸沿いをゆっくりと走った。太陽が傾きかけていた。**西日が車**

内を満たし、元子や剛太を太陽が不吉に赤く染めていった。(辻仁成『ニュートンの林檎』)

(6) 朝と同じ灰色の**光が部屋を満たし**、不思議なことに、室内はなおさら暗くなった。(トマス・エロイ・マルティネス『サンタ・エビータ』)

(7) 但是，當山洪暴發的時候，**大水灌滿了山谷**（訳：大水が山谷を満たす），再大的石頭也都會被水沖走。(國立編譯館『3 知識的寶庫』)

(8) 我把地上的雪挖起來，向上一抛！哈哈！**雪花布滿天空**（訳：雪花が空を満たす），我一直把雪往上抛，直到滿身都是雪為止。(張繼元『神遊一張風景畫』)

最後に、遮断動詞による構文について考察する。この項目に含まれる構文は最も多い。具体的な動詞には「遮る」「塞ぐ」「隠す」などがある。日本語の用例は（9）（10）、中国語の用例は（11）（12）に示されている。これらも、主格名詞が占有した空間によって他のものの通過が阻害される意味が含まれている。

(9) その後、歩いて富田川を渡って一ノ瀬王子に参じている。**樹木が日差しをさえぎって**、涼しい境内は絶好の休憩ポイント。(細谷昌子『熊野古道』)

(10) その高熱の炎はひとなめで人を焼き殺す。**炎が道を塞いだ**とき、ほんの数歩の差で生死が分かれたという。神社へ逃げて助かっても‥(半村良『ぐい呑み』)

(11) 一陣陰影擋住了光線，原以為是**烏雲遮住了陽光**（訳：雲が日差しを遮る），可是這片雲也太大了吧，她不解的張開眼睛…(清華大學藝術中心『真情之外（3）』)

(12) 因而引發管道阻塞而耳鳴。這和**腫瘤堵住管口**（訳：腫瘤がチューブを塞ぐ），甚或侵入管道的症狀一樣，要及早復健…(黃淑珍『如何戰勝鼻咽癌』)

135

なお、以下のように、主格名詞が実際に物理的に空間を占めているものではないが、比喩的な捉え方によって抽象名詞が具体名詞のように扱われるものもある。具体的には、「感情」「感覚」「雰囲気」などがその例である。これらの用例も、空間存在によるものから派生したと見なすのが妥当であろう。(13)(14)と(15)(16)は、それぞれ日本語と中国語の具体例である。以上に挙げたような静的描写を表す動詞によるものは、無生物主語他動詞文の中でも特徴的存在であり、比喩的な面があるため、連語論的アプローチでは扱えないが、実質上結びつきの1つのタイプに相当するものと見なせるだろう。

(13) エレベーターになって、急に冥界の底まで落下し始めたのか。**浮遊感が全身を包み**、気が付くと壁を背にして座り込んでいた。(谺健二『赫い月照』)

(14) しばしの間**沈黙が二人を包む**。ゆっくりとした時間が流れていく。遠くから聞こえてくる柔らかな音楽… (辻桐葉『英国紳士の野蛮なくちづけ』)

(15) 柔柔的風，淡淡的雲，枝頭吐新芽，**鳥聲滿樹林**（訳：鳥の声が樹林を満たす）。快樂的春天已經來臨。(國立編譯館『1 春天來了』)

(16) 歌聲滿家園，笑聲滿家園，**書香滿家園**（訳：本の香りが家を満たす）。一定很美。一個家庭裡面，有三個聲音一定很棒！(宏遠傳播公司『培養孩子的自信心』)

2　機能動詞またはそれに相当する動詞によるもの

　連語論では、(17)のような「する」や、機能的にそれに相当する(18)のような「与える」などの機能動詞[1]による結びつきを対象外とする。ま

1　第4章の注12で述べたように、言語学研究会では機能動詞という用語を用いず、単に「動詞がさらに抽象化して（中略）を格の抽象名詞を動詞化するという、どちらかといえば助動詞的なはたらきしかしなくなる」と記述しているが、機能動詞の概念とほぼ同じである。

た、これらとヴォイス的に対立する、(19) の「受ける」のような語彙的に受身の意味を持つものは機能動詞の働きに近づき、「される」に相当する表現となるため、これらも連語論では扱わない。言語学研究会（1983：88）の記述によると、このようなタイプの動詞には他に「施す」「授ける」「被る」「得る」などがある。

(17) **物質が状態変化をする**とき、物質の体積・質量はどうなっているのでしょうか？　夏の暑い日に買ったアイスクリーム…（磯部和子『やりなおしの中学理科』）

(18) 上からものを言うようなところがあるんだけど、**作品が影響を与える**広がりっていうのはすごいです…（エクスナレッジ『フランク・ロイド・ライトのルーツ』）

(19) 超高層ビルが、一瞬で崩壊するケースを誰が考えたろうか。**世界貿易センタービルがテロ攻撃を受けた**のはこれで二回目。（中澤昭『9・11、Japan』）

(19) のような構文は、熊（2009）が定義する「受動的な文」に相当する。熊はこれについて、形態上は他動詞の能動形であるが、意味的には受動表現であるため、他動性が低く、故に無生物名詞も違和感なく他動詞文の主語となり得ると述べている。言い換えると、動詞の他動性が低い場合、主格名詞（主語）に対してもそれほど強い力を求めていないため、無生物名詞であっても主語になりやすいということである。

　日本語の機能動詞に類似したものは中国語にも見られる。日本語に比べて量的にはそれほど多くないが、以下のような例が確認された。(20) は「する」、(21) は「される」に相当するものである。以上の記述を通じて、熊（2009）が提示した事実を再確認し、その裏付けとして日中両言語における用例の存在を同定できたことに意味があると思われる。

(20) 寄居在珊瑚細胞内的**共生藻行光合作用**（訳：共生藻が光合成をする），産生營養物質供給珊瑚進行新陳代謝…（光華雜誌『來珊瑚礁當熱帶魚』）

(21) 對外界的批評，許多舞者都非常氣憤，甚至連**生活都受到影響**（訳：生活が影響を受ける）。例如小艾…（中時電子報『小熱褲辣遍中台灣！』）

3　所有動詞・心理動詞によるもの

　以上に挙げたものの他に、連語論の考察対象ではあるが、本書では取り上げていないものがある。具体的には、(22)(23)のような「所有動詞」によるものと、(24)(25)のような「心理動詞」によるものである。これらは、それぞれ言語学研究会の分類で「所有の結びつき」「心理的な係わり」に入る。しかし、このタイプの動詞と結びつく主格名詞には典型的な無生物主語が非常に少ない。その理由は、「所有動詞」と「心理動詞」が、原則的に人間の活動を描写するものだからである。以下の4例は、いずれも少し比喩的な意味で用いられたものになっている。

(22) このように，**酸化物が酸素を失う**反応を還元という。銅線強熱する。酸化酸化銅ができる。再び強熱する。還元水素中に入れる。（坪村宏『高等学校化学Ⅰ』）

(23) **排気ガスが勢いを得る**には，エンジン回転が上がらなければダメだ。エンジン回転が上がることでたくさんの排気ガス…（御堀直嗣『クルマの性能と用語入門』）

(24) 初代会長のビント・サーフは、「一九九五年は**ビジネスがインターネットを発見した**年だ」と言った。（公文俊平『入門インターネット・ビジネス』）

(25) 絵でもスケッチでも、手が目をうらぎる瞬間がある。**ことばが風景をうらぎる**瞬間がある。自負心を劣等感がうちくだく時がある。

第8章　その他の構文に関して

（伊勢英子『ふたりのゴッホ』）

　中国語に見られる用例も僅かであるが、それらのほとんどが以下に示しているように、少し擬人的な表現だと思われるものである。(26)(27)は「所有動詞」、(28)(29)は「心理動詞」が作る無生物主語他動詞文の用例である。

(26) 此時病情已擴大到**免疫系統都失去功能**（訳：免疫システムが機能を失う），且有併發症，生命危在旦夕。（林斐霜『響自心靈的高音―卡列拉斯自傳』）

(27) 林正良説明，**奈米技術獲得突破**（訳：ナノテクノロジーが突破を得る）之後，外界多專注在材料微小化至…（鍾蓮芳『奈米家電將成市場主流』）

(28) 通過了寒風考驗後，**初春展露生機**（訳：初春が活力を見せる），匍匐的植株紛紛挺立，逐步呈現絶無僅有的行道樹景致。（翁順利『復育草海桐』）

(29) 今夜風吹又三更，夢你來相見，**月亮笑我**（訳：月が私を笑う）太多情，孤單對月夜，孤單對月夜。（譚健常『牽絆』）

第三部

文章レベルの成立要因

第9章　文章レベルの要因の検討

　本章の目的は、日本語において従来成立しにくいと言われている無生物主語他動詞文の文章レベルから見た成立要因を明らかにすることである。第2章で言及したように、無生物主語他動詞文の成立メカニズムはこれまで、主に角田（1991）と熊（2009）によって研究されてきたが、いずれも文レベルの要因に関する考察であった。しかし、熊（2014）によれば、無生物主語他動詞文の成立は文レベルだけでなく、文章レベルからの観点も必要であるとされる。本章では、先行研究の問題点を指摘しつつ、無生物主語他動詞文の成立に影響する文章レベルの要因に対する分類を試みる。

1　先行研究の問題点

　第2章で述べた通り、熊は文章レベルの要因として、「視点統一」「焦点化」「表現効果」の3つを挙げている。しかし、「視点統一」と「焦点化」は、前の文脈にある叙述を受け継ぎ、それを次の文に持ち込んで新たな叙述を始めるという文脈展開機能に関わるものであるのに対し、「表現効果」は行為者に意図性がないことを書き手が明示したい場合に用いられるような、文脈展開機能とは異質な要因である。つまり、「表現効果」は他の2要因とは異なるレベルに属すると思われる。以下、それぞれの要因について説明する。

　まず、「視点統一」とは（1）のように、無生物名詞がすでに先行文脈で主語として登場しており、その視点を統一させるために、次に現れる他動詞文でも同じ無生物名詞を主語にする現象である。文脈展開機能とは、前の文脈にある叙述を受け継ぎ、それを次の文に持ち込んで新たな叙述を始めることを指しているが、ここで②の文が成立するのは、①の文の主語「白い煙」が次に来る②の文の成分として引き継がれ、「〜人生をすべて終

143

えた者たちを焼いている」という新たな文章を展開していくという機能が存在するためである。したがって、一種の文脈展開機能と見なすことができる。

(1) ① マニカルニカ・ガードでは**白い煙**が川面に流れ、② **白い煙は人生をすべて終えた者たちを焼いている**。(熊 2014：98)

次に、「焦点化」とは (2) のように、先行文脈においてある出来事を引き起こす原因が焦点化され、次の文の主語になる現象である。この例では、①の文から彼女に変化があったことが分かるため、この場合、その変化を引き起こした原因が最も知りたい情報となって焦点化され、②の文の主語として置くことが可能である。ここでも、②の文が成り立つのは、①の文の「芽実は〜するようになっていた」という変化を表す叙述が、次に来る②の文の「〜彼女を変えた」という部分に引き継がれ、「父親との会話ができなかったことが〜」という新しい情報を述べるためであり、文脈展開機能と見なして良いだろう。

(2) ① ミラノから戻ってきて、芽実は真面目に語学学校に通うようになっていた。② **父親との会話ができなかったことが彼女を変えた**のだ。(熊 2014：98)

最後に、「表現効果」とは (3) のように、書き手が特別な表現効果を狙い、無生物主語他動詞文を用いる現象である。ここで言う特別な表現効果とは具体的に、受付の子の「包みを開ける」という行為を「意図性」と切り離して表現することを指す。この場合、当該文の主語を「手」と選択した理由は、「受付の子」を主語として明示してその意図性を全面的に出すのを回避したいためであり、前の文脈から特定のものを引き継ぎ、次の文脈を展開するという文脈展開機能とは無関係である。

（3）受付の方へ出て行くと、「社長」と受付の子が、「これが届きまし
　　たけど」と、チョコレートの詰め合わせを指さした。「まあ、誰
　　から？」「N商店様。──お得意の一つですわ」「ご丁寧ね。み
　　んなで食べてちょうだい」「いいんですか？」と言いながら、も
　　う**手は包みを開けていた**。（熊 2014：97）

　以上に見てきたように、「視点統一」「焦点化」は文脈展開機能に関わる
要素で、「表現効果」とは異なる次元に属する要因である。したがって、
それぞれ分けて論じる必要がある。次節より、無生物主語他動詞文の成立
に影響を与える文章レベルの要因を大きく、「文脈展開機能によるもの」
と「表現効果によるもの」の2つに分け、具体的な用例を参照しながら考
察を進める。さらに、文章レベルの要因は熊が指摘した3つ以外にも存在
すると考えられるため、これらも次節で論じる。なお、本章で扱った用例
は原則的に文レベルの要因に関する調査と同様にBCCWJとSINICAから
抽出したものとするが、主格名詞に連体修飾成分が付く例も新たに考察対
象に含める。これは熊（2014）が設定したものと同じ条件で論じるためで
ある。

　次節に入る前に、本章で記述するために用いる用語を規定しておく。
［図9-1］は「太郎が鍵を持ち、その鍵を用いてドアを閉めた状態から開
けた状態に変化させる」という一連の事象を示したイメージ図である。こ
こでは便宜上、太郎を「行為者[1]」、鍵を「道具」、ドアを「対象」と称する。

　理論上、この一連の事象を文で表現する際には、「行為者」が主語とな
る「有生物主語他動詞文（太郎がドアを開けた）」の他、「道具」が主語と
なる「無生物主語他動詞文（鍵がドアを開けた）」や、「対象」が主語とな
る「無生物主語受身文（ドアが開けられた）」「無生物主語自動詞文（ドア

1　他動詞文で表される事象を意図的に引き起こす人間は一般的に「動作主」と称される。しかし、
　本章で扱った用例においては、その人間に意図がない場合もあるため、「行為者」と称すること
　にした。

[図 9-1] 典型的な他動詞文のイメージ図

が開いた)」など複数の選択肢が考えられるが、前述した通り、熊 (2014) はこれらを混同して論じていた。具体的に、「視点統一」と「焦点化」は主語が「行為者」か「道具」か「対象」かの選択を前提にしているが、「表現効果」は主語が「行為者」か「道具」かのみの選択を問題にしている。この違いも、「文脈展開機能」と「表現効果」が互いに異なるレベルの要因であることを裏付けている。

2　文脈展開機能によるもの

本節では、文脈展開機能によって無生物主語他動詞文が用いられる状況を示す。具体的には、「視点統一」「焦点化」「連鎖事象」「列挙」の4つのパターンが存在する。その中で、「視点統一」と「焦点化」は熊 (2014) でも取り上げられた要因である。なお、この節で扱う主語には原則として「行為者」「道具」「対象」の3つの候補が存在するが、以下に挙げる文脈展開機能が働いた場合には「道具」が主語として選択される傾向があり、無生物主語他動詞文が成立しやすくなることが観察される。

2.1　視点統一

1つ目の「視点統一」は熊が挙げた要因である。再度用例 (1) を確認すると、熊ではある無生物主語他動詞文の主語が、その前の文の主語と完全に一致する場合のみ「視点統一」と認定されるようだが、何を1つの文として認めるかについては熊が明確な定義を設けていない。例えば、複文の場合、それぞれの節を1つの文として見なすかどうかを事前に決める必

要がある。

　この問題を考える際に、少なくとも３つのパターンが存在すると思われる。最も典型的なパターンは、２つの単文が並んだ場合であり、例えば（4）のように、②の主語「涼子の手」が前の文①の主語と同じであるため、「視点統一」と言える。もう１つのパターンは１節で示した（1）のように、２つの節が並んだもので、この例を通して、熊は文と文の関係だけでなく、節と節の関係も視点統一の対象としていることが分かる。最後に、判断が難しいのは（5）のように、①と③の主語が一致するが、その間に②の文が挿入されるパターンである。本書では「視点統一」を判断する際に、（4）と（1）のように、文と文及び節と節の関係を双方認めるが、（5）のように間を隔てた２文の関係は考慮しない[2]。

> (4) 涼子は、救急箱からガーゼを出して、たたむと、薬をしみ込ませた。「ハサミ、ハサミ、と…」 ① **涼子の手**が救急箱を探る。 ② そして、**涼子の手がメスをつかみ出した**。（赤川次郎『三毛猫ホームズの世紀末』）
>
> (5) ポツポツと雨が顔に当たり始め、① 数秒後に**大粒の雨**が降りだしてきた。② きゃー　思わず悲鳴を上げる。③ 容赦なく**大粒の雨が全身を濡らす**。カバンを頭に乗せ雨を防ぐが気休めにもならない。（Yahoo! ブログ）

　すでに述べたように、「視点統一」は文脈展開機能と関係があると思われるが、前後の文の主語が完全に一致することは、「繰り返し」とも言える現象である。そうであれば、形態が完全に一致していない（6）のような「類義語」による反復や、（7）のような「上下位語」による反復も「視点統一」に含めるべきか検討しなければならない。熊のように形の完全一

2　市川孝（1994：94）では、(1) のような節と節の関係も、(5) のような間を隔てた２文の関係も文脈展開機能に関わり、考察の対象に含まれている。

致に限定するのは範囲がやや狭いと感じられるため、本書では（6）（7）のような例も「視点統一」として認める方針である。

(6) 靖雄は操縦席の後ろを見た。背もたれに血がべっとりついていた。① **弾丸**が突きささっている。② **銃弾が胸を貫通した**のだ。急に体から力が抜けていくのを感じた。（山本恵三『ドッグファイター『神竜』』）

(7) ① **稲の花**は、朝の九時くらいからお昼過ぎくらいまで咲きます。② **白い小花が籾を割って出て来て**、風に吹かれてやがてポトンと落ちます。ちょうど稲妻がピカピカする頃です。（『俳句研究』第72巻第13号）

このパターンの中国語の用例として、以下の（8）のようなものが挙げられる。この例を見れば、ブーゲンビリアが先行文脈で現れ、それが次の文の主語として引き継がれ、新たな文を展開させることが確認できる。

(8) 説九重葛有刺，整理起來麻煩又刺傷義工的手，還是要砍。① 可涼亭與**九重葛**可以並存哪！（訳：しかし、涼亭と**ブーゲンビリアは共存できるよ！**）② 因**九重葛刺傷人手**（訳：**ブーゲンビリアが人の手を怪我させる**というなら），則怕刺的人可以不去管那九重葛嘛！為什麼非除之才快？（愛亞『暑月雜記－刺』）

2.2 焦点化

2つ目の「焦点化」も、熊による分類を援用したものである。熊の説明によると、「焦点化」とは1節で示された（2）のように、先行文脈において特定の出来事を引き起こす原因が焦点化され、それが次の文の主語となる現象である。しかし、本書では以下のようにさらに厳密な定義を行う。

再度（2）を確認すると、①の文の「芽実は〜するようになっていた」

という変化を表す叙述が、次に来る②の文の「〜彼女を変えた」という主語以外の部分に引き継がれ、「父親との会話ができなかったことが〜」という新しい情報を主語として提示する環境を作ることが観察される。このように、先行文脈から次の他動詞文の主語以外の情報が推測できることが、この「焦点化」というパターンが成立する条件である。

　例えば、(9) では、①の文の「背もたれに血がべっとりついていた」という描写から、「何かが胸を貫通した」という、②の主語以外の情報が推測される。これによって、②の「銃弾」が主語として立つことが可能である。同様に、(10) でも、①の文の「シュッシュッ」という音の描写から、「何かが湯気をふいている」と想像され、その結果、②の文に「ヤカン」という新しい情報が主語として提示され、文が展開される。

(9)　靖雄は操縦席の後ろを見た。① 背もたれに血がべっとりついていた。弾丸が突きささっている。② **銃弾が胸を貫通した**のだ。急に体から力が抜けていくのを感じた。(山本恵三『ドッグファイター『神竜』』)

(10)　凍えてたハートがほぐれたのは、駅の待合室で、あれやこれやのイキサツをトージに話したあとだった。　① シュッシュッ。　② ストーブにかけられた**ヤカンが湯気をふいてる**。(青山えりか『好きから始まる冬物語』)

2.3　連鎖事象

　3つ目は本書独自の分類である。具体的には、(11) (12) のように、一連の事象が「発端」と「結果」の2つの文に分かれ、途中に登場する道具である無生物名詞が「結果」を表す2つ目の文の主語になるという「連鎖事象」のパターンである。

　例えば、(11) のように、前の文脈では行為者が何らかの道具を用いて意図的に「発端」となる行為を行った後、続きの文ではその行為による

「結果」が示される用例がある。この場合、行為者である景虎が拳を用いて蜘蛛の目を攻撃しようとするところまでが「発端」である。しかし、攻撃という行為は動作の結果まで含意されないため、その行為によってもたらされた「結果」は次の文で示される。この文では、「景虎が（正拳で）眼球を破った」という有生物他動詞文で表現することも理論的には可能であるが、1つ前の文を見れば分かるように、働きかけのエネルギーが拳に集中しているため、拳がここでは最もダイナミックなものとして、行為者よりも注目されることになる。そして読み手にとって最も知りたいこともその拳による行為の延長線、つまりその結果であるため、書き手は無生物名詞の拳を主語に立たせ、「正拳が眼球を破った」と表現したのだと思われる。同じことは（12）に対しても言える。砲弾はそのエネルギーの焦点であり、最もダイナミックなものとして注目される部分でもある。

(11) 蜘蛛が鋭い牙を剝いて襲いかかってくる。立ち上がったのは糸を引きちぎった景虎だ。① **拳を**固めて、襲いかかる蜘蛛の目めがけて思い切り**振るった**。② **正拳が眼球を破った**。（桑原水菜『真皓き残響』）

(12) ① **靖雄は**狙いすまして、**機関砲の発射レバーを押した**。② **砲弾が燃料タンクを撃ち抜いた**。胴体から、花開いたように真っ赤な炎を噴き出し、機体の破片が四方に飛び散った。（山本恵三『ドッグファイター『神竜』』）

このパターンは、（11）のように、「（景虎が）拳を振るった」から「正拳が眼球を破った」と進む際に、先行文脈の対格名詞が次の文の主語になり、文を展開させていくのが原則である。しかし、（12）の「靖雄が発射レバーを押した」から「砲弾が燃料タンクを撃ち抜いた」へと続く例のように、途中の「発射レバーが砲弾に点火した」という過程が明示されていない場合でも「連鎖事象」として認める。

150

第 9 章　文章レベルの要因の検討

　以下の（13）（14）は中国語の用例であるが、日本語と同様に、1 つの連鎖事象を 2 つの文に分けて描写する現象が見られる。

（13）① **歹徒持烏茲衝鋒槍連射廿發**（訳：**悪党がウージーを持って弾を二十発連射し**），② **子彈貫穿鐵門**（訳：**弾が鉄門を貫通して**），門内休旅車彈痕累累，百葉窗、天花板也到處是彈痕。（『中國時報』2001 年 11 月 16 日）

（14）① 雷鳥**黃武**在於禁區左方使勁**一射**（訳：雷鳥チームの**黄武選手が**ペナルティエリアの左側から**ボールを蹴り**），② 結果**球碰到門柱**後滾進（訳：**ボールが柱にぶつかって**ゴールインし），雷鳥就靠這一球險勝三山…（陳琢『體育新聞』）

2.4　列挙

　4 つ目も本書による分類で、例えば、（15）のように、あるカテゴリー内にある下位項目を同列に列挙するのに用いられる用例がこのパターンに該当する。（15）では「足」というカテゴリーが設定されており、その下位項目として「左足」と「右足」が存在する。これらをそれぞれ主語として立てることにより、同列に扱うことが可能である。同様に、（16）では前の文脈から銃弾が「二発」撃たれたことが明らかになっている。そして次の文ではその「二発」についてそれぞれがどのように作用したかを描写しているのである。

（15）次の刹那、両手が疾風と化した。腰の大小を抜き放った。前方の左、右より飛んできた独鈷を、まず軽々と弾き返した。① **片足** が **地面を蹴った**。② もう **一方の足** が爪先立った。独楽よりも早く身が回転した。（朝松健『真田三妖伝』）

（16）不幸だったのは、その姿が、玄関脇に備え付けられているスタンド・ミラーに映ったことである。沙霧が振り向きざま、二発撃っ

た。① 一発 が女店員の手首から上を潰し、② もう 一発 が頬を貫通した。（門田泰明『黒豹キルガン』）

　この「列挙」というパターンは、永野（1986：106）の用語で言えば「累加型」「同格型」という文脈展開機能に類似していると思われる。なお、中国語においても同様の用例が存在することが確認されている。以下に2例を挙げておく。

(17) 男人移動了身體，① 右手 抬起佳佳頭部（訳： 右手 が佳佳の頭を持ち上げ），② 左手 拿起冰袋壓在她受了傷的右後腦（訳： 左手 が氷袋を持って彼女が怪我した右後頭部を押えた）。（鄭順安『高級動物(1)』）

(18) 女侍端來了咖啡。① 女人 右手 加奶精（訳：女の人は 右手 がミルクを注ぎ）② 左手 拿小湯匙攪拌（訳： 左手 がスプーンを持って攪拌する）。她則沈默地望著咖啡杯的杯緣。（淺藍頁『極中見致（2)』）

3　表現効果によるもの

　本節では、表現効果という要因で無生物主語他動詞文が用いられる状況を考察する。具体的には、「行為者不在」「行為者特定困難」「行為者不特定多数」「行為者意図性なし」「臨場感演出」という5つのパターンに分けて説明する。これらの中で、「行為者意図性なし」は熊が提出した「表現効果」に該当し、他の4つは本書による分類である。本節で扱う主語は、原則として「行為者」と「道具」の2つから選択されるが、以下に挙げる状況では、「行為者」よりも「道具」が主語として選択される可能性が高くなり、結果として無生物主語他動詞文が成立しやすくなるのである。

3.1　行為者不在

　1つ目は（19）（20）のような「行為者不在」というパターンである。

（19）では、文脈上、雨に働きかける行為者が存在しないため、「働きか
け側」として主語になり得るのは無生物名詞の雨のみであり、無生物主語
他動詞文でしか表現できない。（20）においても、小麦が芽を出す能力は
植物自身に備わっており、他の行為者がそうさせたとは文脈上推測できな
いため、行為者がいないと認定される。このパターンで典型的な主語は自
然物や植物である。

（19）坂下の車がこちらを向いた。弘は住宅街の奥に向かって駆け出し
　　　た。**雨が顔を打つ**。既に全身濡れ鼠だった。なぜだ！なぜだ！な
　　　ぜだ！弘は心で叫びながら駆け続ける。わけがわからなかった。
　　　（松岡弘一『利己的殺人』）

（20）集落の周りには小さな水路が巡らされており、畑には**小麦が芽を
　　　出していた**。わずか七十ミリメートルの雨、しかも十二月から三
　　　月頃までの雨季にしか降らないので、冬から春が農作物の季節で
　　　ある。（松田昭美『沙漠の旅』）

このパターンは中国語にも見られる。以下に2つの例を挙げる。それぞ
れ主語が自然物と植物の場合である。「風が吹く」と「植物が発芽する」
という現象は、いずれも行為者による働きかけが存在しないと思われる。

（21）當**風颳動樹稍**（訳：風が梢を吹き動かす）時，我想起活體手術，睜
　　　開眼，我穿著乾淨的蕾絲罩袍睡在床上。吉兒從地毯上爬起，膨鬆
　　　的頭髮及暈糊得亂七八糟的黑眼線讓她看起來像個活殭屍。（王虹匀
　　　『活體手術（1）』）

（22）不知今年校内的燈展比賽，誰能獨占鰲頭。春來了，校園裡，小草
　　　嫩綠，**欖仁樹吐新芽**（訳：モモタマナが新芽を出す），羊蹄甲也一
　　　簇簇粉紅色花朵綴滿枝頭，加上柚花飄香，真是美不勝收。（國語日
　　　報社『新聞報導及校園事件』）

3.2 行為者特定困難

2つ目は、「行為者特定困難」というパターンである。この場合、無生物主語他動詞文は、行為者を背景化することによって、それが文の成分として現れるのを回避する機能がある。以下の（23）（24）がその例である。

(23) ドイツの年越しは、まるで国中で花火大会を繰り広げているかのようだ。深夜十二時どころか、十二時半を過ぎても、まだまだ**花火が夜空を飾る**。日ごろは早寝をするドイツ人も…（小林英起子『ケルン大聖堂の見える街』）

(24) さて当日、十六の少女に扮した私。鏡で見るとかなりギョッとした感じになったが仕方ない。そして**バイオリンがメロディを奏でる**中、ライトが消えた舞台を、二人で腕を組んで登場。（文藝春秋『週刊文春』第46巻第2号）

（23）では花火を上げる職人は存在するが、誰であるかが重要ではなく、読み手にとっても特定しにくい。そのため、無生物主語他動詞文を用いることで、行為者が文の表層に現れるのを回避している。例えば、「職人が（花火で）夜空を飾る」と表現すると、次の文でその職人について何か述べる可能性が示唆されるが、この表現方法ではそのニュアンスを避けることができる。（24）も同様で、バイオリンを演奏する人は実際に存在するが、誰であるか特定しにくく、その情報も重要でないため、無生物主語他動詞文が用いられるのである。

(25) 驚きの声をあげた。「まさか…あの子が！？」 赫い髪の皇子の叫びに、すっかり眠り込んでいたウルタまでもが、ぴくりと目を覚ましたとき。**金属が布を切り裂く**、鈍い音が響きわたった。四囲の壁をかたちづくっていた、厚い布に剣が振るわれたのだ。続いて、あの緑衣の兵士たちが、布を引き破り、荒々しい足取り

で踏み込んでくる！（赤城毅『滅びの星の皇子』）

　また、（25）のように、書き手が意図的に行為者を一時的に文から外す例が存在する。この文では、ウルタという人物がテントの中で寝ているが、次の瞬間に誰かが剣を持ってテントの布を切り裂いた。しかしこの時、書き手は視点をあえてテント内にいるウルタに置いているため、布を切り裂く行為者が誰かは不明である。つまり、読み手にとって行為者はこの時点で未特定となる。文の終わりに至って初めて、その行為者の正体が明らかにされる。このような表現も、「行為者特定困難」と見なすことができる。

　以下は、中国語に見られる「行為者特定困難」の用例である。（26）では、誰かが銃を撃ち、その流弾が首を貫通したが、弾を撃った人間を特定することはできない。（27）では、誰かがヘリコプターを操縦し、食糧を空中投下した事実が描かれているが、操縦した人間は前後の文脈からは分からない。

（26）中國時報記者徐宗懋在採訪六四天安門學潮時，**流彈穿頸**（訳：流
　　　弾が首を貫通する）而過，死裡逃生的他，感謝老天賜給他的好運，
　　　也油然興起「命運」之念。神仙也會撞錯鐘。（董小狐『算命非常安
　　　全守則』）
（27）連日來**直升機空投食物**（訳：ヘリコプターが食糧を空中投下する）
　　　到番仔田，前天傍晚居民接到強制撤離令後，集合時才一一統計空
　　　投的食物，包括四公斤裝的白米僅廿包、泡麵也相當有限…（張南
　　　詠『番仔田居民』）

　このように、「行為者特定困難」の表現は、行為者を背景化することによって、特定の人物に焦点を当てることなく、行為そのものやその影響に注目させる効果がある。

3.3 行為者不特定多数

3つ目は、(28)(29)のように、行為者が誰でも良いという「行為者不特定多数」の状況が挙げられる。これらの例では、書き手が想定している行為者は架空の存在であるため、無生物主語他動詞文を用いることで、行為者を具体的に示さずに表現する方法が採用されている。この手法により、具体的な行為者に言及することなく、行為自体を中心に話を進めることが可能となる。「行為者不特定多数」と「行為者特定困難」の違いは、行為者が現実に存在しているかどうかにある。「行為者特定困難」では現実に存在するが、「行為者不特定多数」では実際には存在しない、仮定上の行為者である。

(28) ●左払い筆を一度止め、方向を変えて右へ払う。●右払い楷書の筆使いを確かめて書いてみよう。大地一年　永井高史永井※筆圧＝**筆が紙を押さえる**力のこと。筆を一度止めてから折る。(金子卓義『中学書写　一年』)

(29) 照準は弾頭のペイント・マークあるいは小さな釘と照準器を一直線にすることで行ない、ついで照準具後方のプッシュ型のトリガーを押すと撃発準備がなされ、離すとスプリング力で**撃針が雷管を叩き**筒内の黒色火薬に点火し、成型炸薬弾頭を発射させる。(広田厚司『ドイツの小銃拳銃機関銃』)

(28)では、筆圧という概念を説明するために、誰かが筆を用いて紙を押さえる状況が文で表現されている。この場合、筆を持つ人間は実際には存在しておらず、つまり誰でも良いということになる。(29)は拳銃の弾が発射される仕組みを解説する文である。その過程とは、誰かがトリガーを押すことによって様々な部品が連動し、最終的に火薬が点火される結果に至るというものであるが、この文においてトリガーを押すのは架空の人物である。(28)(29)は、いずれも行為者を明示するのが困難であるた

め、代役として無生物名詞を主語に立てるパターンだと思われる。

このパターンには中国語の用例も存在する。(30) はサーフィンの仕方を説明する文章で、「滑水選手（訳：サーフィン選手）」という人間が登場するが、これは実在の人間ではなく架空の人間である。同様に、(31) は体操の動きを説明する文で、ここでも行為者は架空の人間であり、「行為者不特定多数」の状況が示されている。

(30) 滑水選手必須先在滑板上做好準備姿態，上身前傾，**雙脚拖曳滑板**（訳：両足がサーフボードを引きずる），當快艇開動時，滑水選手得緊握滑水板兩邊的扶繩，速度加快時，滑水選手便可站立起來…（陳昭玲『滑水的裝備乘風破浪的滑水運動』）

(31) 第十二式腿前肌伸展功能：伸展大腿肌群。動作説明：1. **右手扶物**（訳：右手が物を支える）站立，左手由後拉住左脚踝，使脚跟儘量靠近臀部。2. 向臀部拉，維持 20 秒後換脚。(章約翰『腰部扭轉・腿前肌伸展』)

3.4 行為者意図性なし

「表現効果」が用いられるもう 1 つの状況は、行為者に意図性がない場合である。通常、他動詞文は行為者の意図を含むことが一般的である。もっとも、料理中に「指を切った」や、運動中に「腕を折った」など、行為者の意図がない場合も考えられるが、意図性があるのが典型的である。しかし、ある行為が行為者によって引き起こされたにもかかわらず、その行為者に意図がなかったことを明示したい場合がある。このような場合、無生物主語他動詞文は、行為者を積極的に背景化することで、その行為を意図から切り離して表現する機能を持つ。(32) (33) がその例である。このパターンは、熊 (2014) が議論した「表現効果」に該当すると考えられる。

(32) ネズミは、まだボタンを押せばえさが出るということを知らない
　　　ので、ただむだに走っているが、**からだがボタンを押す**と、えさ
　　　が出てくる。こういうことを何回もくり返しているうちに、つい
　　　にみずからボタンを押して、えさを得るということを学習するの
　　　である。(樋口正元『神経症を治す』)

(33) そのうちの一機が── まったく誂え向きの方角から、のめり出て
　　　きた。加納にとっては、まさに、機軸の真正面である。考えるよ
　　　り先に── **指先が安全装置を外し**、トリガー・ボタンを押し込ん
　　　でいた。(双葉社『小説推理』)

　(32)では、ネズミがボタンを押す行為は意図的ではないため、行為者
が文の表層に現れない無生物主語他動詞文が用いられている。ここで、
「ネズミが(からだで)ボタンを押す」と言い換えると、意図性が伴うこ
とになり、不自然と感じられる。(33)においても同様であり、敵機が真
正面に現れる危機に直面した際、行為者である加納は論理的な思考が働く
前に、指先が反射的に安全装置を外している。この動作は、行為者の意図
よりも反射神経による無意識のものと解釈したほうが適切であると思われ
る。

(34) だれもが目を疑うような衝撃的な光景だった。五輪オーバルで開
　　　かれたスピードスケート男子五百メートルの一回目。清水宏保選
　　　手の最大のライバルであるウォザースプーン選手が最終組でス
　　　タートを切って、わずか5歩目だった。**左足つま先が氷を削った**。
　　　つまずき、一九〇センチの体が崩れ落ちた。(『中日新聞』2002年
　　　2月12日夕刊)

　さらに、(34)のように、行為者にとって不本意な行為を表現すること
も可能である。この例では、ウォザースプーン選手が競技に勝つために意

図的につま先で氷を削るような行為をするわけがない。しかし、そのことが行為者の意図に反して起こったのである。この例で「ウォザースプーン選手が（左足つま先で）氷を削った」と表現すれば、かなり不自然な文になるであろう。

　同様に、「行為者意図性なし」の用例として、中国語に以下のようなものがある。（35）は野球の試合を描写しており、行為者であるランナーの足がボールに当たったことが述べられている。野球のルールによれば、ランナーがボールと接触すると守備妨害という反則行為に該当するため、通常は故意にそのような行為を行わない。（36）においても、ゴルフの試合で意図的にボールを人間のほうに打つという行為は考えられないため、行為者にその意図性はないと判断される。

(35) 象隊昨日以齊藤肇先發，1局下，黃甘霖安打、王傳家觸身球、羅敏卿四壞球，獅隊滿壘，可惜林鴻遠打出游擊滾地球，造成王傳家**脚碰球**（訳：足がボールに当たる）的妨礙守備…（陳志祥『「兄弟」一股氣 台南封王』）

(36) 拉福第12洞3桿洞，5鐵開球太大，飛越果嶺，遠看就要落入長草區、甚至可能是更糟球位，但**球撞及一名攝影記者膝蓋**（訳：ボールがカメラマンの膝にぶつかる），反彈後竟落在洞邊3呎處，讓他賺博蒂。（林滄陳『加州圓石灘賽』）

以上のように、行為者を特定しにくい場合や行為者に意図性がない場合には、それぞれ行為者を主語に出さない動機づけが異なるが、これらのケースでは行為者を背景化させるという点において共通している。もちろん、複数の条件が同時に満たされる場合も存在する。以下の（37）（38）は、「行為者特定困難」と「行為者意図性なし」の両条件を同時に満たす用例である。

（37）IELM 不成功 8 例の原因は，3 例が併存する潰瘍瘢痕によるリンパ流の途絶，2 例では**注射針が胃壁を貫いた**ことによる腹腔内への色素の漏れ，3 例は手技不良によるものであった。（北島政樹『Sentinel node navigation』）

（38）照明が三遊間にまともに当たり、打球によってはボールが見えにくくなることがあったが、そこにハーフライナーが飛んできた。男は打球に猛然と飛び込んだが（中略）**ボールが顔面を直撃した。**（『読売新聞』2003 年 9 月 3 日夕刊）

3.5　臨場感演出

上に挙げた分類とはやや異質なものであるが、書き手が意図的に局部的な描写を見せ、映画などでよく使われる「クローズアップ（被写体またはその一部分を、画面いっぱいに拡大して映すこと）」という手法を用いる場合がある。この「クローズアップ」を用いることによって、読み手が作中人物であるかのような視覚活動を行い、感情移入が容易になる。本書では、この現象の根拠は「タ形」と「ル形」の混用にあると考えられる。つまり、書き手は「タ形」が基調の文章において、特定の場面のみ「ル形」を用いることによって、まさに現在その場にいるという臨場感をもたらすのである。この現象については、永野（1986）、益岡（2002）による記述が見られる。永野はこの現象を「歴史的現在」と称し、以下のように述べている。

　　文章全体としては過去形表現を基調としていながら、書き出しが現在形表現（つまり歴史的現在）になっていて、読者をいきなり場面に誘いこむ形式になっているわけである。

また、益岡は用語が異なるものの、ほぼ同じ現象を以下のように述べている。

第9章　文章レベルの要因の検討

「物語文」（小説の地の文等）では一続きの文章のなかに過去形と現在形が混在することがある。（中略）カメラの遠近調節の比喩で説明すると、この現象は「カメラを引いて事態の動きを描写するロング・ショット」と、「距離を近づけて事態の細部を描写するクローズ・アップ」との違いである。前者では事態を、距離をおいてみようとするために過去形になり、後者では物語時に肉薄するために現在形になる。

（39）を映画に例える場合、前半（囲み線）はすべて行為者を切り捨て、代わりにその体の一部分だけを取り上げる「クローズアップ」による描写である。このように、遠いところからの描写よりも近いところに視点を置いて描写したほうが、臨場感が出ると考えられる。この例は一人称小説からのものであるため、感情移入による臨場感の効果はより一層明確に感じられるはずである。一方、（40）（41）は三人称小説の用例であるが、感情移入を狙った箇所（囲み線）だけが「タ形」ではなく、「ル形」で描写されることから、（39）と同じ解釈ができると思われる。

（39）　赤いシャツの腕がのびる。あたたかく、やわらかくてちいさい手が額にのせられる。「ねつがあるかな？」宇佐美の手は、あたしの額から頬にうつり耳に触れ、**ひとさし指がくちびるをなぞる。**あたしはまぢかに迫っている彼をみあげる。ぶしょうひげの彼はひどくやつれて、病気みたいだ。あたしは宇佐美の視線をとらえると、どうしたのテツ、という眼をしてみせる。（杉村暎子『パストラル』）

（40）　頭の中が真っ白になった。性器から脳天にかけて、快感が突き抜ける。思わず身体をよじってしまう。しかし、すぐに藤代の強い力でもとの体勢にもどされた。今度は陰核をあま嚙みされた。そして藤代は、左右に顔を振っている。陰核は歯と歯の間で滑っている。同時に**舌先が陰核先端を舐めまわしている。**由紀は初体験

のときの、あの絶頂感がまた来ることを予感した。藤代は執拗にその行為を続けている。（村雨凶二郎『塾講師』）

(41) 生理的に涙が零れ、頰を濡らした。「あ、や…」しっかりと前を摑んでいないと、すぐにでもイッてしまいそうだった。「成宮…、もっと」耳に届く彼の声が掠れる。身体を支えるために回してくれた手が胸を探る。「いや、いい…、もう触らないで…」感覚をゆっくりと分散したいという気持ちより、重力の方が強く、快感と痛みで力が抜け、ぴったりと身体が重なる。「あ…」熱い。どこもかしこも熱い。**指が乳首を弄び**、摘みながら撫で摩る。突き上げられ、声が止まらない。前を押えていた自分の手は、もうじっとりと濡れていた。（火崎勇『てのひらの涙』）

このパターンは中国語においても（42）（43）のような用例が存在する。しかし、厳密には中国語にテンスを表す標識がないため、ここでの判断の基準は「了」という「完了」を表すアスペクト標識に依ることにする。中国語では「了」を用いる際、ほぼ過去の出来事を示しているため、ある程度日本語と同じ条件で比較することが可能である。

(42) 洗罷澡用乾毛巾揩身上的水汽，美孚燈下她細細端詳自己白晳豐潤的胴體。**毛巾擦過棗紅色乳頭**（訳：タオルがピンク色の乳頭を掠める）生出絲絲癢意。她曾遺憾自己如此豐盈的乳房竟未能有機會飽含乳汁哺育後代。（廉聲『收穫』）

(43) 女孩説：「你真的第一次上嗎？沒關係，我教你！」女孩**中指輕撫他寶貝**（訳：中指が彼のアソコを撫でる）後，寶貝便仰天長嘯似地振奮欲飛！女孩在他上面跳動著吟呻著…（李廖維『你快樂所以我快樂』）

なお、この分類においては、性愛の場面が多く描写されていることと、

第 9 章　文章レベルの要因の検討

主語となる無生物名詞がほとんど体の一部であることが特徴である。性愛の場面が頻繁に用いられる点も、臨場感を高めるための根拠となっていると考えられる。

このパターンは他のものに比べてやや異質に感じられるが、行為者を意図的に画面の枠外に置く点で、行為者を背景化する 3.1 節〜 3.4 節のものと共通する部分があると思われる。

4　まとめ

2 節と 3 節で検討したように、他動性による一連の事象を文として表現する際、文章レベルでの無生物主語他動詞文の成立要因は主に「文脈展開機能によるもの」と「表現効果によるもの」の 2 つに分類できる。前者は主語が「行為者」か「道具」か「対象」かの選択問題を前提にしており、後者は「行為者」か「道具」かの選択を問題としている。この違いは、両者が異なるレベルに属していることの裏付けにもなっている。

「文脈展開機能によるもの」には、「視点統一」「焦点化」「連鎖事象」「列挙」の 4 つの下位分類が存在する。これらはすべて先行文脈の内容を何らかの形で次の文脈に持ち込んで展開させる機能を持つ。その中で、「視点統一」と「焦点化」は先行研究で提示されているが、「連鎖事象」と「列挙」は本書による独自の分類である。この部分の結論は、従来日本語では成立しにくいとされる「鍵がドアを開けた」のような無生物主語他動詞文も、「太郎が鍵を鍵穴に差し込んで（発端）、カチャッという音がして、鍵がドアを開けた（結果）」のような「連鎖事象」においては成立可能であることを示唆している。

「表現効果によるもの」には、「行為者不在」「行為者特定困難」「行為者不特定多数」「行為者意図性なし」「臨場感演出」という 5 つのパターンが存在する。これらは共通して、書き手が行為者を主語として立てないことにより何らかの効果を得るという特徴がある。熊（2014）で述べられている「表現効果」はその中の 1 つである「行為者意図性なし」にすぎず、本

書の調査によって他にも多様なパターンが存在することが明らかになっている。

　本章の主な目的は、日本語と中国語における無生物主語他動詞文の成立要因を文章レベルから比較することである。そのため、2節と3節で分類された様々なパターンを共通の枠として利用し、日中それぞれの分布状況を示すことが理想的である。ただ、この枠組みを用いて両言語を比較する際に困難な点がある。それは、すでに述べたように、挙げられた各要因が異なるレベルに属しているものもあれば、相互に階層関係を成しているものもあるためである。これによって生じる最大の問題点は、この枠組みで分類を行っても完全に排他的な分布にはならないことである。つまり、1つの用例が複数の要因の条件を同時に満たし、2つ以上の分類にまたがる場合がある。各要因が排他的でない場合、量的な分布状況を見る意義が失われる。この問題を解決する方法として、本書では多変量解析の統計手法であるロジスティック回帰分析を導入する。ロジスティック回帰分析により、各要因が無生物主語他動詞文の成立に及ぼす影響力を数値で示し、客観的な比較が可能になる。詳細は第10章で述べる。

第10章 ロジスティック回帰分析による日中比較

　第9章では、文章レベルから見た無生物主語他動詞文の成立要因を「文脈展開機能によるもの」と「表現効果によるもの」の2つに分類し、さらにそれぞれの下位分類を行っている。しかし、これらの分類が完全に排他的でないため、日本語と中国語の両言語を共通の枠組みで比較する際に課題が残る。この問題を解決するために、本書ではロジスティック回帰分析という統計手法を導入している。以下では、ロジスティック回帰分析を用いて、文章レベルの要因の影響力の強さを日中の間で比較し、どの要因が無生物主語他動詞文の成立に寄与しているかを検討する。

1　ロジスティック回帰分析

　ロジスティック回帰分析は、回帰分析の一種である。回帰分析とは、説明変数を用いて目的変数を説明する、または推定する統計手法である。例えば、安本（1963）の研究は、西暦年を説明変数とし、漢字の使用率という目的変数を予測することで知られており、回帰分析の好例である。

　通常の回帰分析（線形回帰分析）は、目的変数が量的尺度の場合にのみ適用可能であるが、目的変数が質的尺度（または比率）である場合でも、ロジット変換という手続きを用いれば回帰分析を適用することができる。このような回帰分析をロジスティック回帰分析（S字カーブを描いたロジスティック曲線モデルを使用した非線形回帰分析の一種）と呼ぶ。ロジット変換は、目的変数の値を0から1の間に調整する数学的操作であり、目的変数が0.7の場合、70%の確率で特定の事象が起こることを示す。さらに、その確率が50%を超えるかどうかにより、「はい」または「いいえ」という2値変数の予測も可能である。

　本章では、第9章で分類した各要因を説明変数とし、無生物主語他動詞

文が成立するか否かという事象を目的変数として、ロジスティック回帰分析を用いて両者の関係を捉える。本節の冒頭でも述べた通り、一般的に回帰分析の目的は、説明変数を用いて目的変数を予測することと、各説明変数の目的変数に対する影響力の大きさを見ることの2つであるが、本章でロジスティック回帰分析を導入する主な目的は、後者にある。具体的には、どの変数が無生物主語他動詞文の成立に寄与するかを明らかにすることに焦点を当てる。

ロジスティック回帰分析を適用する際の一般的な手順は、以下の通りである。まず、データの収集を行う。次に、変数の設定をする。その後、分析の実行に移り、結果を判定する。必要に応じてモデルの修正を行い、最後に結果の解釈をする。次節より、これらの各ステップについて詳しく説明する。

2 分析データ

分析データについては、本書では BCCWJ 及び SINICA から抽出した用例を使用する。1節で述べたように、ロジスティック回帰分析を適用する際には、目的変数として「無生物主語他動詞文であるもの」と「無生物主語他動詞文でないもの」の両方のデータが必要である。ここで、「無生物主語他動詞文でないもの」とは何かが問題となる。当てはまりの良い回帰モデルを構築するためには、考えられるすべての「無生物主語他動詞文でない」事例を想定することが望ましいが、現実的にはそれが不可能である。したがって、本書では、「無生物主語他動詞文」として表現されない場合、他にどのような表現形式が選択肢として存在するかを考える。

第9章1節では、一連の事象を構成する参与者を「行為者」「道具」「対象」の3つに限定した場合、この事柄を表現する最も単純な文型として「無生物主語他動詞文」「有生物主語他動詞文」「無生物主語受身文」「無生物主語自動詞文」の4つの選択肢が存在することを述べた。これを逆に考えると、「無生物主語他動詞文でないもの」には、理論的に「有生物主語

他動詞文」「無生物主語受身文」「無生物主語自動詞文」の３つのパターンがあるということになる。しかし、これら３つのパターンを一度に取り入れると、要因の絡み合いが複雑になり、統計の結果に対する解釈が困難になる可能性があるため、本章では「無生物主語他動詞文でないもの」のデータを「有生物主語他動詞文」に絞る。第９章で考察した「文脈展開機能によるもの」と「表現効果によるもの」は、いずれも主語の候補が「行為者」または「道具」であり、つまり「無生物主語他動詞文」と「有生物主語他動詞文」の選択を前提にする[1]点で共通しているため、「有生物主語他動詞文」を「無生物主語他動詞文でないもの」として優先的に扱う理由は一応存在する。もっとも、「無生物主語受身文」「無生物主語自動詞文」との選択問題も考察しなければならないが、これについては今後の課題にする。

　抽出方法については、以下のように定められている。まず、「無生物主語他動詞文であるもの」は、日本語では「名詞＋格助詞ガ＋名詞＋格助詞ヲ＋動詞」、中国語では「名詞＋動詞＋名詞」の形式で抽出する。次に、「無生物主語他動詞文でないもの（有生物主語他動詞文）」は、日本語では「名詞＋格助詞デ＋名詞＋格助詞ヲ＋動詞」、中国語では「以（または用）＋名詞＋動詞＋名詞」という形式で抽出する。これらの抽出は、形態素情報を手掛かりに行われる。前者のデータはすでに文レベルの要因に関する調査で収集済みである。後者については、第３章３節で作成した Perl のプログラムを修正したものを用いるが、コードがほぼ同じであるため、ここでは詳細を省略する。ただ、日本語の「キッチンでご飯を作る」のような用例は形態的に抽出条件を満たすものの、「デ格名詞」が「道具」ではなく「場所」であり、本書で設定したものと異なるため、これらは手作業で除外する。さらに、本章では文章レベルという観点から考察を行うため、構造上の理由により適さないものも対象外とする。これには連体節、

1　「対象」との選択に関与するのは「文脈展開機能」のみであり、「表現効果」は関与していない。

補足節、引用節にあるものと、会話文にあるものが含まれる[2]。なお、分析のバイアスを最小限に抑え、調査結果の信頼性を高めるために、調査の範囲は対格名詞が物名詞である「具体的な描写」に限定される。

　サンプル数に関しては、「無生物主語他動詞文であるもの」と「無生物主語他動詞文でないもの」をそれぞれ無作為に 200 例ずつ抽出し、計 400 例を調査対象とする。同じ 200 例に揃える理由は、両者を同等の条件で比較するためである。

3　変数の設定

　本節では、文章レベルの要因を変数として設定する方法を説明する。ロジスティック回帰分析を適用する際には、目的変数は質的尺度である必要があるが、説明変数については量的尺度と質的尺度のいずれも使用できる。本書で設定された説明変数は、すべて 2 値変数である。例えば、「視点統一」という要因が条件に当てはまる場合は 1、そうでない場合は 0 として、変数に値を付与する。説明変数の命名は要因名をそのまま使用する。そして、判断の条件は第 9 章の記述に従う。目的変数は、2 節で述べたように、「無生物主語他動詞文である」と「無生物主語他動詞文でないもの」という 2 値変数を設定し、無生物主語他動詞文であるものを 1、そうでないものを 0 として値を与える。本章で使用する予定の変数を、［表 10-1］にまとめて示す。

　なお、本書の目的は日本語と中国語を同じ枠組みの中で比較することにある。したがって、両言語とも［表 10-1］に挙げられた変数群を用いて分析を行う。

2　永野（1986）では、そのようなものは文の連結ではないため、文章論の枠外にあると述べられている。本書で設定した「文脈展開機能によるもの」も、そのような環境では観察されにくいという特性がある。

168

第 10 章　ロジスティック回帰分析による日中比較

[表 10-1] 分析に使用する予定の変数の一覧

変数名（要因）	変数種類	変数尺度
視点統一	説明変数	カテゴリカル（2 値）
焦点化	説明変数	カテゴリカル（2 値）
連鎖事象	説明変数	カテゴリカル（2 値）
列挙	説明変数	カテゴリカル（2 値）
行為者不在	説明変数	カテゴリカル（2 値）
行為者特定困難	説明変数	カテゴリカル（2 値）
行為者不特定多数	説明変数	カテゴリカル（2 値）
行為者意図性なし	説明変数	カテゴリカル（2 値）
臨場感演出	説明変数	カテゴリカル（2 値）
無生物主語他動詞文	目的変数	カテゴリカル（2 値）

4　分析結果と解釈

4.1　日本語の場合

　解析を開始する前に、まず各説明変数間の相関行列を確認することが重要である。回帰分析では、強い相関関係を持つ説明変数を一緒に使用すると、多重共線性という現象が生じ、結果として求められたパラメータの信頼性が低下するなどの問題が発生する。

　多重共線性の見分け方は一定ではないが、一般的には変数間に非常に強い相関が存在すれば発生しやすい。[表 10-2] を確認すると、「行為者特定困難」と「行為者不在」の相関係数が 0.817、「行為者意図性なし」と「行為者不在」が 0.752、「行為者意図性なし」と「行為者特定困難」が 0.733 であることが示されている。これらは非常に強い相関とは言えないが、「行為者不在」「行為者特定困難」「行為者意図性なし」の 3 つの変数にはある程度の相関関係が確認される。通常、目安として相関係数の絶対値が 0.9 に近い場合は要注意とされるが、0.9 以下であるからといって多重共線性が発生しないとは限らない。念のため、分散拡大要因（variance

[表 10-2] 説明変数間の相関行列（日本語）

視点統一	1								
焦点化	0.007	1							
連鎖事象	−0.109	−0.021	1						
列挙	0.013	−0.028	−0.008	1					
行為者不在	−0.225	0.046	−0.047	0.032	1				
行為者特定困難	−0.260	0.076	−0.029	−0.002	0.817	1			
行為者不特定多数	0.209	−0.051	−0.071	0.003	−0.324	−0.397	1		
行為者意図性なし	−0.312	0.067	0.084	0.015	0.752	0.733	−0.355	1	
臨場感演出	0.015	0.012	−0.008	0.027	0.018	0.039	−0.254	0.035	1

inflation factor、以下「VIF」とする）も利用して判断することとする。VIF は相関係数よりも信頼性の高い指標であり、5〜10 より大きい場合は多重共線性の可能性が高いとされる[3]。計算された VIF は、「行為者不在」が 71.43、「行為者特定困難」が 37.04、「行為者意図性なし」が 20.41 と、どれも 5〜10 を超えており、多重共線性が起きる可能性が高いと示唆されている。

　この場合、一般的に採られている方法は、単一の説明変数ごとに回帰分析を実施し、その結果をすべての説明変数を投入したときの結果と比較するというものである。多重共線性が発生している場合、回帰係数の正負の符号が逆転する、またはパラメータの値が大きく変わるなどの現象が起きる。これを手掛かりに、多重共線性を起こしている変数を特定することが可能である。［表 10-3］は、相関関係が強い「行為者不在」「行為者特定困難」「行為者意図性なし」の 3 つの変数に対して個別に回帰分析を行い、その回帰係数を全変数投入時の結果と比較したものである。

　［表 10-3］を見ると、「行為者不在」は回帰係数が逆転し、その値も大きく異なることが確認できるため、多重共線性が発生していることが明らかである。この現象を既存の知見で説明すると、「行為者特定困難」と

3　内田治（2013：115）に詳しい。

170

第 10 章　ロジスティック回帰分析による日中比較

[表 10-3] 高相関の説明変数における回帰係数の比較（日本語）

変数名	全変数投入時	単一変数時
行為者不在	− 0.453	＋ 5.616
行為者特定困難	＋ 3.417	＋ 4.710
行為者意図性なし	＋ 3.880	＋ 4.959

「行為者意図性なし」はいずれも行為者の存在を前提としており、「行為者不在」はこれらの補集合に相当するため、「行為者特定困難」と「行為者意図性なし」が成立しない場合、ほぼ自動的に「行為者不在」が成立するということになる。言い換えると、「行為者不在」という変数が持つ情報は、すでに「行為者特定困難」と「行為者意図性なし」の2変数によって説明されており、1つの回帰式の中に同じ情報を持つ変数が複数存在するということである。これを多重共線性と言う。一般的に多重共線性が発生した際には、相関関係の強い説明変数の中から重要でないものを除外する方法が取られるが、本研究では「行為者不在」という変数を取り除くこととする。第9章で述べたように、「行為者不在」は無生物主語他動詞文しか選択肢が存在せず、他の要因と比べてやや異質であるため、比較の条件から一旦除外しても解釈に大きな支障はないと判断される。

　以下、データを統計処理にかける。本書で使用されたソフトウェアはMplus[4] である。3節の規定に基づき設定された変数から「行為者不在」を除外し、ロジスティック回帰分析で解析を行った結果が［表 10-4］である（非標準化）。なお、定数項は解釈と直接の関連がないため、この表では省略されている。

　この中で特に重要な指標として、「回帰係数」「P 値」「オッズ比」が挙げられる。「回帰係数」とは、当該説明変数が目的変数に対してどれほど影響しているかを示す数値である。通常の回帰分析では、説明変数の目的

4　「共分散構造分析」を専門とする統計ソフトである。このソフトウェアには回帰分析や因子分析が内包されており、ロジスティック回帰分析も実行可能である。

[表 10-4] ロジスティック回帰分析による分析結果（日本語）

変数名	回帰係数	標準誤差	統計量	P 値	オッズ比
視点統一	− 1.749	0.576	− 3.036	0.002	0.174
焦点化	− 0.678	0.786	− 0.862	0.388	0.508
連鎖事象	13.647	0.502	27.183	0.000	＞ 999
列挙	− 0.003	0.740	− 0.003	0.997	0.997
行為者特定困難	3.320	0.626	5.305	0.000	27.649
行為者不特定多数	− 1.371	0.681	− 2.013	0.044	0.254
行為者意図性なし	3.800	0.515	7.371	0.000	44.682
臨場感演出	0.622	0.467	1.330	0.183	1.862

変数への影響力を把握するために、この回帰係数を参照するのが一般的である。例えば、y = ax + b という回帰式において、回帰係数 a は、説明変数 x が 1 単位変化した際に目的変数 y がどれだけ変化するかを示す値である。すなわち、y = 10x + 50 という式の場合、x が 1 単位増加すると y は 10 単位増加することになる。しかし、ロジスティック回帰分析では、回帰係数は x が 1 単位増加した際の対数オッズの変化量を意味することになり、これは直感的に解釈するのが困難であるため、通常は「オッズ比」という指標を参照する[5]。

「オッズ比」は、回帰係数の指数を取ることにより算出され、説明変数が 1 単位増加した際に目的変数の発生確率が何倍になるかを示すものである。この解釈は、ダミー変数にも適用される。ダミー変数は 0 か 1 の値しか取らないため、回帰係数の指数を取った値は、「説明変数 = 0」に対し「説明変数 = 1」の際のオッズ比である。[表 10-4] で説明すると、説明変数「臨場感演出」が 0 から 1 に変わる際（「臨場感演出」という要因が働いた際）、目的変数「無生物主語他動詞文」が 0 から 1 になる確率（「無生

---

5 通常の回帰分析において、複数の説明変数の影響力を比較する際には「標準化回帰係数」が用いられることが一般的であるが、ロジスティック回帰分析ではオッズ比を用いることが多い。

物主語他動詞文」が成立する確率）が 1.862 倍になることを意味する。

　しかし、どんなに説明変数の影響力が大きくても、その結果が偶然であれば意味がない。そこで用いられるのは「P 値」という指標である。「P 値」は、ある変数が統計的に意味を持つかどうかを示すものであり、実際には偶然の結果であるにも関わらず、誤って意味があると判断される確率を示す数値である。例えば、［表 10-4］では「視点統一」の P 値は 0.002 であり、これは当該説明変数の −1.749 という「回帰係数」が誤っている確率が 0.2% であることを意味する。一般的に、言語研究では 95% 水準での有意性が求められ、すなわち、P 値が 0.05 を下回る必要がある。

　実際に用例を見ながら［表 10-4］を解釈しよう。まず注目すべきは、「連鎖事象」という変数である。この変数はオッズ比が最も高く（999 を超える）、無生物主語他動詞文の成立に大きく寄与する要因である。その理由としては、「連鎖事象」の文脈は基本的に働きかけの方向が「行為者→道具→対象」という構造になっているため、以下の（1）（2）のように 2 つの文に分けて事象を描写する形式が取られやすく、無生物主語他動詞文との相性が良いことが挙げられる。以下の 2 例と同じ事象を有生物主語他動詞文で表現しようとすると、2 つ目の文はなかなか自然な表現にはなりにくい。

（1）蜘蛛が鋭い牙を剝いて襲いかかってくる。立ち上がったのは糸を引きちぎった景虎だ。① **拳を**固めて、襲いかかる蜘蛛の目めがけて思い切り**振るった**。② **正拳が眼球を破った**。（桑原水菜『真皓き残響』）

（2）① **靖雄は**狙いすまして、**機関砲の発射レバーを押した**。② **砲弾が燃料タンクを撃ち抜いた**。胴体から、花開いたように真っ赤な炎を噴き出し、機体の破片が四方に飛び散った。（山本恵三『ドッグファイター「神竜」』）

次に、「行為者意図性なし」という変数を見る。オッズ比を確認すると、その値は 44.682 となっており、「連鎖事象」に次ぐ影響力を持つことが分かる。その原因は、人間を主語とする有生物主語他動詞文は、行為者が意図的に何かを行うというニュアンスが含意され、もし行為者に意図性がないことを明示したい場合、(3)(4)のように無生物主語他動詞文を選択する可能性が高くなることが考えられる。

(3) ネズミは、まだボタンを押せばえさが出るということを知らないので、ただむだに走っているが、**からだがボタンを押す**と、えさが出てくる。こういうことを何回もくり返しているうちに、ついにみずからボタンを押して、えさを得るということを学習するのである。(樋口正元『神経症を治す』)

(4) 五輪オーバルで開かれたスピードスケート男子五百メートルの一回目。清水宏保選手の最大のライバルであるウォザースプーン選手が最終組でスタートを切って、わずか 5 歩目だった。**左足つま先が氷を削った**。つまずき、一九〇センチの体が崩れ落ちた。(『中日新聞』2002 年 2 月 12 日夕刊)

　続いて注目するのは、「行為者特定困難」という変数である。この変数のオッズ比は 27.649 と、無生物主語他動詞文が成立する要因として 3 番目に大きく寄与をしている。実際の用例を確認すると、行為者が特定しにくい場合には統計の解析結果が示した通り、ほぼ(5)(6)のような無生物主語他動詞文で表現されている。もっとも、理論上「誰かが」という言語形式を用いて、特定できていない行為者を文の成分として表現することも可能であるが、そうするとその行為者の文脈における重要度が上がり、場合によっては後にその人物について再び触れるというニュアンスが生まれる。下の 2 例では、行為者はいずれもそれほど重要な人物ではない。したがって、主語でそれを明示するよりも、文の成分として出さないほうが

第 10 章　ロジスティック回帰分析による日中比較

描写しやすいのである。

(5)　ドイツの年越しは、まるで国中で花火大会を繰り広げているかの
　　　ようだ。深夜十二時どころか、十二時半を過ぎても、まだまだ**花
　　　火が夜空を飾る**。日ごろは早寝をするドイツ人も…（小林英起子
　　　『ケルン大聖堂の見える街』）

(6)　さて当日、十六の少女に扮した私。鏡で見るとかなりギョッとし
　　　た感じになったが仕方ない。そして**バイオリンがメロディを奏で
　　　る**中、ライトが消えた舞台を、二人で腕を組んで登場。（文藝春秋
　　　『週刊文春』第 46 巻第 2 号）

　これまで見てきたのは、無生物主語他動詞文が成立しやすい要因である
が、以下ではそれが成立しにくい要因を確認する。まず注目すべきはオッ
ズ比が 0.254 の「行為者不特定多数」という変数である。これは、この要
因が働いた際、無生物主語他動詞文の成立確率が 1/4 倍に下がることを意
味する。用例を見ると、行為者が不特定多数の場合は、（7）のような有
生物主語他動詞文を用いることがほとんどである。もちろん、（8）のよ
うな無生物主語他動詞文で表現される例も見られるが、それほど多くな
い。その理由は、行為者が不特定多数とはいえ、それが依然として存在
し、また多くの場合、前後の文脈に続く重要な人物であるため、文の 1 つ
の成分である主語として立てたほうが文脈を展開しやすいからである（こ
の点は次の「視点統一」とも関連している）。有生物主語他動詞文を用いれ
ば、その主語を省略して行為者の存在を暗示しつつ、単語として表現しな
くても良いというメリットがある。一方、無生物主語他動詞文はそもそも
行為者が文の枠外に追い出されるため、このような表現はできない。

(7) 2　フライパンを強めの中火にかけてサラダ油を熱し、ほうれん草
　　　を入れ、1 〜 2 分しんなりするまで炒め、水 1 カップを入れる。煮

175

立ったら**菜箸でほうれん草を押さえて**、フライパンの湯を捨てる。

3　ねぎを加えてさらに1分ほど炒める。（オレンジページ『ひとり暮らしのクッキング』）

(8) 照準は弾頭のペイント・マークあるいは小さな釘と照準器を一直線にすることで行ない、ついで照準具後方のプッシュ型のトリガーを押すと撃発準備がなされ、離すとスプリング力で**撃針が雷管を叩き**筒内の黒色火薬に点火し、成型炸薬弾頭を発射させる。（広田厚司『ドイツの小銃拳銃機関銃』）

　さらに、「視点統一」という変数を見る。この要因のオッズ比は0.174であり、これは前後の主語が一致する場合、逆に無生物主語他動詞文が成立しにくくなることを意味する。具体的な用例を見ると、「視点統一」は(9)のような有生物主語他動詞文で頻繁に用いられることが分かる。その理由は、物事を描写する際、通常は人間を中心に述べられるため、主語が人間であるほうが文脈として繋がりやすいからである。一方で、無生物主語他動詞文は、(10)のように先行文脈の主語を継続するよりも、新たな主語を設定して文を展開することが多い。熊（2014）では、「視点統一」が無生物主語他動詞文の成立要因であると主張しているが、本書の調査によると、その逆の傾向が見られる。

(9) 則道はまず一階の茶の間へ降りると池に面したガラス戸を開け、すぐそばの電話の上の日めくりカレンダーを捲る。それから玄関へ行って鍵をあけ、左側の柱にかかった新聞受けから**右手で新聞を抜きとる**。（玄侑宗久『中陰の花』）

(10)「あの人も、もうじき死ぬわよ」女は細い目のまま、事もなげに言った。**風が雨戸をゆさぶった**。その風にのって、そうした風雨の底でも鳴いている蛙の声がきこえてきた。畠中は、女をみつめた。（城山三郎『忘れ得ぬ翼』）

第 10 章　ロジスティック回帰分析による日中比較

　残りの「焦点化」「列挙」「臨場感演出」という変数については、いずれも有意ではなく、オッズ比も低いため、詳細な議論は行わないが、簡単に触れることとする。例えば「臨場感演出」に関しては、（11）の無生物主語他動詞文も、（12）の有生物主語他動詞文も、囲み線の描写にのみ非過去形の「ル形」を用いてクローズアップによる臨場感を狙う現象があることから、この要因は両方の構文に効果があると考えられる。つまり、「臨場感演出」には無生物主語他動詞文の成立に影響する一面があるが、有生物主語他動詞文に対しても同様であるため、無生物主語他動詞文特有のものではなく、これだけでは成立の決め手にはならない。「焦点化」と「列挙」も同様である。

（11）しかし、すぐに藤代の強い力でもとの体勢にもどされた。今度は陰核をあま噛みされた。そして藤代は、左右に顔を振っている。陰核は歯と歯の間で滑っている。同時に**舌先が陰核先端を舐めまわしている**。由紀は初体験のときの、あの絶頂感がまた来ることを予感した。（村雨凶二郎『塾講師』）

（12）石田直澄は、枕の脇に丸めてあった自分のシャツを引っぱり出すと、その胸ポケットから小さなメモ帳のようなものを出した。ぶるぶると震える**指でページをめくる**。目的の場所が見つかったのか、それを義文の方に差し出して寄越した。（宮部みゆき『理由』）

　以上、すべての変数に対して検討を行ってきた。なお、「行為者不在」という変数はロジスティック回帰分析では使用していないが、単一変数時の回帰係数が大きく、また「行為者特定困難」「行為者意図性なし」と高い相関を持つことから、大きな影響力があることが推察される。この現象の根拠は、行為者が存在しない場合、主語となる選択肢が無生物名詞に限られるため、無生物主語他動詞文としての表現が必要になることにある。以下の（13）（14）は、いずれも有生物主語他動詞文では表現できない例

177

である。

(13) 坂下の車がこちらを向いた。弘は住宅街の奥に向かって駆け出した。**雨が顔を打つ**。既に全身濡れ鼠だった。なぜだ！なぜだ！なぜだ！弘は心で叫びながら駆け続ける。わけがわからなかった。（松岡弘一『利己的殺人』）

(14) 集落の周りには小さな水路が巡らされており、畑には**小麦が芽を出していた**。わずか七十ミリメートルの雨、しかも十二月から三月頃までの雨季にしか降らないので、冬から春が農作物の季節である。（松田昭美『沙漠の旅』）

本節の最後に、決定係数（R–Square）という指標を確認しておく。この数値は、得られた回帰式がどの程度のデータを説明できるかを示すもので、簡単に言えば、回帰式の当てはまりを評価する指標である。その範囲は0〜1であり、1に近いほど説明力が高いとされる。今回の解析結果は0.875という非常に高い数値を示している。つまり、この回帰モデルで約9割のデータが説明できることを意味する。一般的には、回帰分析後に変数の取捨やモデルの修正が行われることが多いが、本書の目的は、どの説明変数が無生物主語他動詞文の成立に影響を与えるかを明らかにすることにあり、目的変数の予測ではないため、この修正作業は省略される。

文章レベルから見た日本語の無生物主語他動詞文の成立要因をまとめると、以下のようになる。影響力が大きい要因として、「連鎖事象」「行為者不在」「行為者意図性なし」「行為者特定困難」の4つが挙げられる。これらはすべて無生物主語他動詞文の成立に寄与している。一方、「行為者不特定多数」「視点統一」は無生物主語他動詞文の成立を妨げる要因であるが、その影響力は相対的に弱い。

4.2 中国語の場合

　日本語の場合と同様、中国語のデータを解析にかける前に、まずは各説明変数間の相関行列を確認することが重要である。これは多重共線性が発生する可能性を診断するための作業である。［表 10-5］は、説明変数間の相関行列を示したものである。

[表 10-5] 説明変数間の相関行列（中国語）

視点統一	1								
焦点化	−0.026	1							
連鎖事象	−0.053	−0.010	1						
列挙	−0.089	−0.029	−0.059	1					
行為者不在	−0.090	−0.035	0.019	0.063	1				
行為者特定困難	−0.131	0.035	−0.010	0.044	0.796	1			
行為者不特定多数	0.053	0.051	−0.073	−0.036	−0.254	−0.319	1		
行為者意図性なし	−0.111	−0.046	0.062	0.009	0.758	0.661	−0.268	1	
臨場感演出	−0.008	0.036	0.072	0.017	−0.052	−0.085	−0.315	0.012	1

　ここでは、「行為者特定困難」と「行為者不在」が 0.796、「行為者意図性なし」と「行為者不在」が 0.758、「行為者意図性なし」と「行為者特定困難」が 0.661 となっており、日本語のデータと同様に、「行為者不在」「行為者特定困難」「行為者意図性なし」の 3 つの変数間には相関関係が見られた。これらの変数に対して VIF を計算すると、いずれも 5〜10 を超える値が得られる。多重共線性を診断するために、3 つの変数それぞれに対して回帰分析を実施し、その結果を全変数を投入した場合と比較する。

[表 10-6] 高相関の説明変数における回帰係数の比較（中国語）

変数名	全変数投入時	単一変数時
行為者不在	+1.820	+4.846
行為者特定困難	+1.175	+2.646
行為者意図性なし	+2.498	+3.578

[表10-6]を見ると、回帰係数の符号が逆転する現象は見られなかったが、「行為者不在」という変数の値が他と比べて異常に大きく変化したことから、多重共線性の存在が確認された。この結果を踏まえ、「行為者不在」という変数を除外して分析を行う。その結果は[表10-7]に示されている（非標準化）。

[表10-7] ロジスティック回帰分析による分析結果（中国語）

変数名	回帰係数	標準誤差	統計量	P値	オッズ比
視点統一	− 0.783	0.345	− 2.271	0.023	0.457
焦点化	− 0.022	0.906	− 0.024	0.981	0.978
連鎖事象	1.241	1.101	1.127	0.260	3.458
列挙	0.609	0.349	1.747	0.081	1.839
行為者特定困難	1.495	0.406	3.685	0.000	4.458
行為者不特定多数	− 0.112	0.373	− 0.301	0.763	0.894
行為者意図性なし	2.957	0.475	6.224	0.000	19.247
臨場感演出	1.450	0.326	4.454	0.000	4.264

　これより、各変数に対して用例を挙げながら検討する。まず、「行為者意図性なし」という変数である。この要因は、オッズ比が19.247であり、すべての変数中で最も影響力が大きいと見られる。その理由も日本語と類似しており、中国語では有生物主語他動詞文を用いる場合、「道具」に該当する名詞は「以」「用」という虚辞（日本語で「手段」を表す格助詞「で」に相当するもの）で標示されることになり、意図性が感じられる。以下の(15)(16)は有生物主語他動詞文で示されるとかなり不自然である。

(15)　象隊昨日以齊藤肇先發，1局下，黃甘霖安打、王傳家觸身球、羅敏卿四壞球，獅隊滿壘，可惜林鴻遠打出游擊滾地球，造成王傳家**脚碰球**（訳：足がボールに当たる）的妨礙守備…（陳志祥『兄弟』

180

第 10 章　ロジスティック回帰分析による日中比較

一股氣 台南封王』）

（16）拉福第 12 洞 3 桿洞，5 鐵開球太大，飛越果嶺，遠看就要落入長草
　　　區、甚至可能是更糟球位，**但球撞及一名攝影記者膝蓋**（訳：ボー
　　　ルがカメラマンの膝にぶつかる），反彈後竟落在洞邊 3 呎處，讓他
　　　賺博蒂。（林滄陳『加州圓石灘賽』）

　次に考察するのは、「行為者特定困難」である。この変数のオッズ比は
4.458 で、「行為者意図性なし」に比べて遥かに低いが、それでも無生物主
語他動詞文の成立にある程度の影響を与えている。その用例は（17）（18）
のように、行為者が特定困難である上、重要な人物ではないため、「誰か
が」という主語の言語形式を用いてそれを明示する有生物主語他動詞文よ
りも、文の成分として出さない無生物主語他動詞文のほうが用いやすい。

（17）中國時報記者徐宗懋在採訪六四天安門學潮時，**流彈穿頸**（訳：流
　　　弾が首を貫通する）而過，死裡逃生之他，感謝老天賜給他的好運，
　　　也油然興起「命運」之念。神仙也會撞錯鐘。（董小狐『算命非常安
　　　全守則』）
（18）連日來**直升機空投食物**（訳：ヘリコプターが食糧を空中投下する）
　　　到番仔田，前天傍晚居民接到強制撤離令後，集合時才一一統計空
　　　投的食物，包括四公斤裝的白米僅廿包、泡麵也相當有限…（張南
　　　詠『番仔田居民』）

　さらに、「臨場感演出」という変数のオッズ比は 4.264 で、成立要因と
して 3 番目に強い影響を持っていることが分かる。日本語ではこの要因が
無生物主語他動詞文と有生物主語他動詞文の両方に現れ、決定的な成立要
因ではないが、中国語では無生物主語他動詞文で用いられることが多い。
具体的には、（19）（20）のような用例がある。

181

（19）洗罷澡用乾毛巾揩身上的水汽，美孚燈下她細細端詳自己白腴豐潤的胴體。**毛巾擦過棗紅色乳頭**（訳：タオルがピンク色の乳頭を掠める）生出絲絲癢意。她曾遺憾自己如此豐盈的乳房竟未能有機會飽含乳汁哺育後代。（廉聲『收獲』）

（20）女孩説：「你真的第一次上嗎？沒關係，我教你！」女孩**中指輕撫他寶貝**（訳：中指が彼のアソコを撫でる）後，寶貝便仰天長嘯似地振奮欲飛！女孩在他上面跳動著吟呻著…（李廖維『你快樂所以我快樂』）

以上の 3 つの変数とは反対に、「視点統一」はオッズ比が 0.457 で、無生物主語他動詞文の成立を妨げる要因であることが示唆されている。この現象は日本語にも見られ、中国語においても（21）（22）に示されたように、視点を統一して文脈を展開させる場合、無生物主語他動詞文よりも人間が主語となる有生物主語他動詞文のほうが成立しやすい。

（21）在解開這女孩身上的傷痕來源之謎前，我是不會讓她走的（訳：私は彼女を行かせないのだ）。**我用拇指和食指撥開她的眼瞼**（訳：私は親指と人差指で彼女の瞼を開けて），毛蟲身體的另一端…（程振家『等待野蠻人（2）』）

（22）東尼疼得所有的粗話都出口了（訳：トニーは暴言を吐くほど痛がっている），他不住地想**用左手去摸痛處**（訳：彼は左手で痛いところを触る）。我們按住他，先用手帕綁緊他的右腕止血，然後把他送到急救站去。（朱邦復『巴西狂歡節（五）』）

残りの「焦点化」「連鎖事象」「列挙」「行為者不特定多数」という変数は有意ではないため、ここでは論じない。これらの変数は無生物主語他動詞文と有生物主語他動詞文の両方に影響を及ぼしており、どちらが強いかを統計的に結論付けることはできないものである。

これですべての変数に対する検討を終えたが、一応除外した「行為者不在」という変数についても確認しよう。この変数は単一変数時の回帰係数が他の変数に比べ圧倒的に大きいことと、影響力が大きい「行為者特定困難」「行為者意図性なし」と高い相関関係を持つことから、相当な影響力を持つことが推測される。その理由は、行為者が存在しない場合、主語となる候補は無生物名詞しかなく、その事柄を表現するためには無生物主語他動詞文を用いる他に選択肢がないからである。例えば、以下の（23）（24）がその例である。

（23）**當風颳動樹稍**（訳：風が梢を吹き動かす）時，我想起活體手術，睜開眼，我穿著乾淨的蕾絲罩袍睡在床上。吉兒從地毯上爬起，膨鬆的頭髮及暈糊得亂七八糟的黑眼線讓她看起來像個活殭屍。（王虹与『活體手術（1）』）

（24）不知今年校内的燈展比賽，誰能獨占鰲頭。春來了，校園裡，小草嫩綠，**欖仁樹吐新芽**（訳：モモタマナが新芽を出す），羊蹄甲也一簇簇粉紅色花朵綴滿枝頭，加上柚花飄香，真是美不勝收。（國語日報社『新聞報導及校園事件』）

最後に、決定係数（R–Square）も確認しておく。日本語では 0.875 という高い数値を示しているが、中国語では 0.565 に留まっている。これは、本書で設定した説明変数をもって、中国語のデータの5割強しか説明できていないことを意味している。逆に、この現象は中国語において無生物主語他動詞文を成立させる未知の要因がまだ存在している可能性を示唆しているとも考えられる。

文章レベルから見た中国語の無生物主語他動詞文の成立要因については、以下のことが言える。まず、「行為者意図性なし」はすべての変数の中で最も大きな影響力を持つ要因として挙げられる。その他、「行為者不在」「行為者特定困難」「臨場感演出」の3つの要因もある程度無生物主語

他動詞文の成立に寄与することが確認された。以上に挙げたものに対し、「視点統一」という変数は無生物主語他動詞文の成立を妨げる要因であることも分かった。

5　まとめ

　本章では、ロジスティック回帰分析という統計手法を用いて、文章レベルの要因を日本語と中国語の間で比較した。その結果、影響力の強さは若干異なるものの、日中両言語とも「行為者意図性なし」「行為者不在」「行為者特定困難」という３つの変数が共通の成立要因として挙げられた。これらの要因はいずれも、無生物主語他動詞文でなければ表現できない、または表現しにくいものである。その他、先行研究で挙げられた「視点統一」という要因は予想に反して、日中両言語とも無生物主語他動詞文の成立を妨げる要因として確認された。また、日本語と中国語では特有の要因として、それぞれ「連鎖事象」と「臨場感演出」が挙げられる。特に「連鎖事象」は、従来日本語では成立しにくいとされる「鍵がドアを開ける」のような表現が成立する環境を提示する点において示唆的である。

　しかし、以上はあくまでも主語の選択肢を「行為者」と「道具」に限定した結論である。無生物主語他動詞文の文章レベルから見た成立要因の全貌を概観するためには、「対象」が主語となる無生物主語受身文・無生物主語自動詞文をも考慮に入れ、無生物主語他動詞文との選択問題を検討しなければならない。特に、調査結果では中国語の決定係数が低く、つまりどの変数にも当てはまらない用例が４割弱あるということである。これらの成立要因は、無生物主語受身文・無生物主語自動詞文との比較によって明らかになる可能性がある。

　さらに、4節で見られたように、特定の説明変数間に強い相関関係が存在することは、これらの変数が互いに階層関係を成している可能性があることを意味している。ロジスティック回帰分析では、説明変数を同列に扱うため、変数間の階層関係を明らかにすることはできない。これに対処す

第 10 章　ロジスティック回帰分析による日中比較

るためには、共分散構造分析という統計手法が考えられるが、この手法を適用するには様々な制限が存在する。

　最後に、現段階の結論をもって、文レベルと文章レベルの要因のどちらが無生物主語他動詞文の成立により強く関与するかを断言することはできない。今後、文章レベルの要因が文レベルの要因とどのように関わるのかも調査する必要があり、これを合わせて今後の課題にしたい。

第四部

結　論

第11章 結論

1 本書のまとめ

本書では、日本語と中国語の無生物主語他動詞文の成立要因を文レベルと文章レベルの2つの側面から分析し、それぞれ以下のような結論を得た。

1.1 文レベルの成立要因

まず、対格名詞を物名詞に限定した場合、日本語と中国語の無生物主語他動詞文の成立において、述語の「再帰性」と「受影性」が共通の要因として作用していることが言える。これに関連し、各タイプの名詞と結びつきやすい動詞は、その名詞の性質と深く関係していることも分かった。例えば「風」という「自然自律」タイプの名詞は、「受影性」の高いものから低いものまで幅広い動詞と結びついて連語を形成するが、「樹木」という「植物自律」タイプの名詞は、外部に働きかける力が弱いため、「樹木が実を結ぶ」という「再帰性」の強い「生産」の動詞との結びつきに集中している。また、日本語では「自然自律」タイプをはじめとする名詞が「風が音を立てる」といった「生産」の動詞との結びつきを数多く作るが、中国語では同様のタイプの名詞にこのような結びつきが少ないことが、両言語の主要な相違点である。言い換えれば、中国語においては特定のタイプの名詞と結びつく際に、動詞が「再帰性」を持つかどうかが、その無生物主語他動詞文の成立に大きく影響している。

次に、対格名詞を事名詞に限定した場合、日中の無生物主語他動詞文の成立において、動詞の「再帰性」が共通の要因であること、また、対格名詞が物名詞の場合と同様に、各タイプの名詞と結びつきやすい動詞の種類は、その名詞の性質と深く関連していることが明らかになった。両言語に共通する点としては、主格名詞が具体物であるほど、「風が勢いを増す」

189

のように、目で直接捉えられるその自体の動きを描写する再帰的な結びつきになりやすく、逆に主格名詞が抽象物であるほど、「核戦争が文明を破壊する」のように、他の対象に抽象的な変化を引き起こす非再帰的な結びつきになりやすいことが確認された。そして、日中の相違点として、主格名詞が抽象物の場合、日本語ではほとんど「屈辱が憎悪を生む」のように、それほど影響力がなくても引き起こせる「対象出現」タイプの動詞と結びつく一方で、中国語では「理智改造環境（訳：理性が環境を変える）」のように、より大きな影響力が求められる「対象変化」タイプの動詞と結びつきやすい点が挙げられる。これは、主格名詞の影響力の面において、日本語より中国語のほうが相対的に強い傾向が見られることを示している。

　最後に、対格名詞を人名詞に限定した場合、両言語の無生物主語他動詞文の成立要因について、動詞の「内面性」と外面的な変化における「具体性」が共通の要因として働いていることが言える。そして、各タイプの名詞がその性質によって、結びつきやすい動詞の種類も決定されていることが分かった。例えば、「人間活動」による感情・知性のタイプの名詞は、「向上心が自分を苦しめる」のように、人間の内面的な属性である「心理変化」を引き起こしやすい。その一方、「具体物」タイプの名詞は「ベッドが私を呼ぶ」のように、比較的外面的な属性を持つ「空間変化」の動詞による結びつきに集中している。ただ、動詞の軸の解釈（成立要因の原理）に関しては、日中である程度の共通性が見られたが、各動詞と結びつきやすい名詞のタイプには多少の相違点も存在する。例えば、日本語では人間活動による生産物は「社会変化」と全く結びつかないのに対し、中国語ではそれと結びつく傾向が見られた。「社会変化」を引き起こすには、比較的強い影響力の主格名詞が必要であるため、日本語よりも中国語のほうが主格名詞の影響力が強いことが相対的にうかがえた。これは対格名詞が事名詞の場合でも観察された共通の現象である。このことは、Silverstein（1976）の名詞句階層において同じ種類の名詞句が言語によって異なる影響力を持つ可能性があることを示唆している。

1.2 文章レベルの成立要因

　他動性による一連の事象変化を文として表現する際、文章レベルによる無生物主語他動詞文の成立要因は、「文脈展開機能によるもの」と「表現効果によるもの」の２つに大きく分けることができる。「文脈展開機能によるもの」には、さらに「視点統一」「焦点化」「連鎖事象」「列挙」の４つの下位分類が存在し、「表現効果によるもの」には、「行為者不在」「行為者特定困難」「行為者不特定多数」「行為者意図性なし」「臨場感演出」の５つのパターンがある。前者は、主語が「行為者」「道具」「対象」のいずれであるかという選択問題を前提にしており、後者は「行為者」または「道具」の選択を問題にしている。この違いは、両者が異なるレベルに属していることを示しており、文章における構造的及び機能的な側面が異なることを裏付けている。

　これらの９要因を共通の枠組みにして、日中両言語をロジスティック回帰分析で比較すると、両言語における無生物主語他動詞文の成立要因として「行為者意図性なし」「行為者不在」「行為者特定困難」という３つの共通要因が挙げられる。これらは、いずれも無生物主語他動詞文でなければ表現しにくい、または表現できない特性を持つ。さらに、先行研究で挙げられた「視点統一」は予想に反し、日中ともに無生物主語他動詞文の成立を妨げる要因であることも確認された。また、日本語と中国語では言語特有の要因として、「連鎖事象」と「臨場感演出」がそれぞれ挙げられる。特に「連鎖事象」は、日本語において従来成立しにくいとされる「鍵がドアを開けた」のような無生物主語他動詞文が、「太郎が鍵を鍵穴に差し込んで（発端）、カチャッという音がして、鍵がドアを開けた（結果）」という文脈においては成立可能であることを示唆している。

2　今後の課題

　本書では、文レベルの要因と文章レベルの要因の２つの視点から、日本語と中国語の無生物主語他動詞文の分析を行った。しかし、本調査で対象

とした文構造は、「主格名詞」「対格名詞」「他動詞」の結びつきの間に他の単語が介在していないものに限定されており、無生物主語他動詞文の全貌を反映しているとは言えない。このような制限を設けた理由は、日本語と中国語の両言語は構造が異なり、他動詞文の中に他の単語の介在を許すと、片方の言語だけに属する特有の要因が現れる可能性があるため、適切な対照研究を行うことが困難になるからである。今後、対照研究としてではなく、日本語または中国語を個別の言語として研究する場合は、他動詞文の間に他の単語が介在するケースも論じるべきである。また、調査資料に関しては、原則として両言語のすべてのサブコーパスを検索対象に含めたが、特定のレジスターに属する可能性がある表現については本書の調査では明らかにされていない。そして、文レベルの要因と文章レベルの要因が互いにどのように関連付けられるかという最も肝心な点は、本書の考察では解明されていない。以上述べた、本書で扱えなかった問題については、すべて今後の課題としたい。

あとがき

　本書は、筆者が博士後期課程に在籍していた期間に行われた無生物主語他動詞文に関する研究を加筆・修正したものである。各章の記述は、以下に挙げる論文を基にしている。挙げていない章は、未発表の論文に基づいている。

（第 2 章〜第 5 章）

・麻子軒（2016）「連語論的アプローチによる無生物主語他動詞文の日中対照—コレスポンデンス分析による成立要因の検討—」『計量国語学』第 30 号第 7 巻，pp. 395-416.

（第 2 章〜第 4 章、第 6 章）

・麻子軒（2017）「連語論的アプローチによる無生物主語他動詞文の日中対照—対格名詞が事名詞である場合—」『阪大日本語研究』第 29 号，pp. 43-70.

（第 2 章〜第 4 章、第 7 章）

・麻子軒（2018）「連語論的アプローチによる無生物主語他動詞文の日中対照—対格名詞が人名詞である場合—」『阪大日本語研究』第 30 号，pp. 71-92.

　無生物主語他動詞文を説明する 1 つの理論である「名詞句階層」は、修士論文以来の関心の対象である。修士論文『日本語の能格構文に関する一考察—「が格」の扱い方をめぐって—』の執筆中に、偶然「名詞句階層」という概念に出会った。この概念は、Silverstein（1976）によって提案さ

れ、オーストラリア先住民の言語における動作主と対象のどちらを無標の格にするかを説明するためのものである。本来は外国語の格組織を説明する目的で用いられたが、角田（1991）、熊（2009）によって日本語のある現象にも適用された。それが無生物主語他動詞文の成立可否に関する研究である。

　名詞句階層とは、名詞を「活動性」の度合いによって分類する概念であり、名詞は「人称代名詞」「親族名詞」「固有名詞」「人間名詞」「動物名詞」「自然名詞」「地名名詞」という順で活動性が低くなる。また、主語となる名詞は、目的語となる名詞に比べて相対的に活動性が高いことが多いとされている。角田はこの概念を基に、無生物名詞が主語であっても、目的語となる名詞に対して名詞句階層が上位にあれば文が成り立つと主張した。しかし、名詞句階層だけでは説明できない事例も存在するなどの課題が残されている。これらの問題点を解決するため、無生物主語他動詞文の日中対照を博士論文の研究テーマとして選んだ。見方を変えれば、このテーマも修士論文の延長線に位置づけられる。

　方法論においては、先行研究とは全く異なるアプローチを採用した。これまでの研究方法が主に内省によるものであったのに対し、新たな手法としてコレスポンデンス分析を導入し、その分析を試みた。無生物主語他動詞文のような文法現象に統計手法を適用させた例はまだ少なかったが、分析の結果、「再帰性」「受影性」が日中の無生物主語他動詞文の成立において重要な役割を果たしており、「再帰性」が両言語の違いを生み出す最も重要な要因であるなどのことが明らかになった。このように、先行研究と同じ問題設定であっても、異なるアプローチを採ることにより、新たな知見を得ることも可能であることを、博士論文の執筆を通して学んだ。

　博士後期課程修了後も、計量的な方法を用いて、これまで主に内省によって扱われてきたテーマに挑戦し続けている。最近では、日本語と中国語の同形二字漢語の品詞性の違いについて、クラスター分析などの多変量解析で研究し、統計的手法を用いて様々なテーマから新たな可能性を探っ

ている。博士後期課程で行われた無生物主語他動詞文の日中対照は、現在自分の方法論の原点となる重要な研究である。

　ただし、統計的アプローチに基づく対照研究への試みはまだ不完全であり、方法論のさらなる厳密化及び精緻化が求められる。また、コーパス言語学・計量言語学に基づく統計的アプローチから得られた知見を、一般言語学・理論言語学の観点を用いて理論化する課題もまだ残されている。それでも、本書では従来の方法に代わり、大規模均衡コーパスから観察できる言語の使用実態に立脚した統計的手法を用いることで、他の対照研究に新たな選択肢を提示し、関連分野への波及効果が期待できる。今後は、この手法をさらに発展させ、より広範な言語現象に適用し、言語学の新たな地平を拓くことを目指したい。

　最後に、博士後期課程の恩師である石井正彦先生をはじめ、本書の出版申請の際にお世話になった山本英一先生、古川智樹先生、そしてこの間に得た数多くの方々に感謝申し上げたい。

　なお、本書の刊行にあたり、関西大学 2024 年度「研究成果出版補助金」の交付を受けることができたことも、記して感謝申し上げる。

2024 年 4 月

麻　子軒

参考文献

石綿敏雄・高田誠（1990）『対照言語学』桜楓社

市川孝（1994）『国語教育のための文章論概説』教育出版

内田治（2013）『SPSS による回帰分析』オーム社

奥津敬一郎（1967）「自動化・他動化および両極化転形―自・他動詞の対応―」『国語学』第 70 集，pp. 46-66.

かねこ・ひさかず（1990）「非情物主語の問題から」『国文学解釈と鑑賞』第 55 巻第 7 号，pp. 36-46.

金田一春彦（1981）『日本語の特質』日本放送出版協会

言語学研究会（1983）『日本語文法・連語論（資料編）』むぎ書房

国立国語研究所（2004）『分類語彙表（増補改訂版）』大日本図書

鈴木康之（1983）「連語とはなにか」『教育国語』第 73 号，pp. 30-43.

高崎みどり・立川和美（2010）『ガイドブック文章・談話』ひつじ書房

高橋太郎（1975）「文中にあらわれる所属関係の種々相」『国語学』第 103 集，pp. 1-17.

田口久美子（1998）「近代における非情物主語の他動詞文について―非情物主語の意味的変遷から―」『国文目白』第 37 号，pp. 153-160.

田口久美子（2000）「近代における非情物主語の他動詞文について―文構造からみた出現の推移―」『日本女子大学大学院の会会誌』第 19 号，pp. 30-38.

趙元任（1979）『漢語口語語法』商務印書館

角田太作（1991）『世界の言語と日本語』くろしお出版

外山滋比古（1973）『日本語の論理』中央公論社

永野賢（1986）『文章論総説』朝倉書店

仁田義雄（1985）「言語学研究会編『日本語文法・連語論（資料編）』を読んで」『国語学』第 140 集，pp. 44-50.

麻子軒（2016a）「文章レベルによる無生物主語他動詞文の成立要因―有生物他動詞文との比較を通して―」『日本語文法学会第 17 回大会発表予稿集』日本語文法学会，pp. 135-142.

麻子軒（2016b）「連語論的アプローチによる無生物主語他動詞文の日中対照―コレスポンデンス分析による成立要因の検討―」『計量国語学』第 30 巻第 7 号，pp. 395-416.

麻子軒（2017）「連語論的アプローチによる無生物主語他動詞文の日中対照―対格名詞が事名詞である場合―」『阪大日本語研究』第 29 号，pp. 43-70.

麻子軒（2018）「連語論的アプローチによる無生物主語他動詞文の日中対照―対格名詞が人名詞である場合―」『阪大日本語研究』第 30 号，pp. 71-92.

益岡隆志（2002）『モダリティの文法』くろしお出版

光信仁美（1996）「非情物主語の他動詞文について」『東京外国語大学日本語学科年報』第 17 号，pp. 1-19.

宮島達夫（2005）「連語論の位置づけ」『国文学解釈と鑑賞』第 70 巻第 7 号，pp. 6-33.

森山卓郎（1988）『日本語動詞述語文の研究』明治書院

安本美典（1963）「漢字の将来―漢字の余命はあと二百三十年か―」『言語生活』第137
号，pp. 46-54.

熊鶯（2009）『鍵がドアをあけた』笠間書院

熊鶯（2014）「日本語無生物主語他動詞文の許容に影響を与える要因とその関係」『学習
院大学大学院日本語日本文学』第10号，pp. 110-94.

Dixon, Robert. M. W.（1979）Ergativity, *Language*, Vol.55.

Hopper, Paul J. & Sandra A. Thompson（1980）Transitivity in grammar and discourse,
Language, Vol.56, No.2, pp. 251-299.

Silverstein, Michael（1976）Hierarchy of features and ergativity". In Dixon, Robert. M. W.
（ed.）*Grammatical Categories in Australian Languages*. Canberra: Australian Institute of
Aboriginal Studies, pp. 112-171.

用例出典

現代日本語書き言葉均衡コーパス DVD 版（Version 1.1）
中央研究院平衡語料庫 DVD 版（Version 3.0）

索　引

あ

アスペクト標識　42, 43, 45-47, 162
後処理　9, 32
一次結合　39
一人称小説　161
一般言語学　195
移動　29, 57, 58, 67-72, 74, 76, 77, 80, 81, 84, 133, 152
移動格　28
移動動詞　11, 27, 28, 57
意図性　20, 143, 144, 157-159, 174, 180
隠喩　26
引用節　168
ヴォイス形式　7, 27, 37
ヴォイス成分　27
受身動詞　18
オッズ比　171-177, 180-182

か

回帰係数　170-173, 177, 179, 180, 183
回帰式　171, 172, 178
回帰分析　2, 12, 164-166, 168-172, 177-180, 184, 191, 196
回帰モデル　166, 178
階層関係　164, 184
会話文　168
係り受け　7
係助詞　22, 23
書き言葉　8, 30, 197
書き手　19, 20, 23, 143, 144, 150, 155, 156, 160, 163

格関係　7
格助詞　7, 14, 22, 23, 25, 34, 36, 37, 42, 52, 167, 180
格標識　28
撹乱変数　25, 27, 29
格レベル　10, 11
過去形　160, 161
活動性　194
感情移入　160, 161
慣用的な言い回し　52, 53
機械　37, 38, 48, 56-59, 63, 79, 81, 85, 90, 95, 100, 104, 105, 108
機械自律　55, 56, 67, 69, 71, 73-76, 79-81, 85
機械他律　56, 67, 69, 71, 73-76, 79-81, 85
機能動詞　62, 63, 133, 136, 137
旧情報　22
共時的　9, 32
共分散構造分析　171, 185
虚辞　180
寄与率　76, 85
均衡コーパス　8, 29, 195, 197
空間存在　133, 136
空間変化　65, 118-122, 124-127, 130, 190
具体行為　60, 64, 88, 91, 96, 97, 102, 106, 112, 113, 118, 120, 123, 128
具体性　121, 123, 124, 130, 190
具体動詞　63
具体物　7, 58, 63, 87, 88, 90-95, 100, 102-104, 108-111, 115, 117, 120, 121,

123-125, 130, 189, 190

具体名詞　22, 136

クラスター分析　194

繰り返し　126, 147

クローズアップ　160, 161, 177

経済活動　60, 64, 88, 91, 96, 100, 102,
105, 118, 123, 128

形態素解析　9, 30, 32, 33, 37, 39, 47

形態素情報　167

形容詞連体形　25

形容動詞連体形　25

計量言語学　195

結果補語　58

決定係数　178, 183, 184

原因名詞構文　18

言語形式　174, 181

言語使用実態　2, 8

言語体系　2, 9

言語的構造　2

言語文書　60, 61, 64, 65, 88, 96, 106,
118, 123, 124, 129

検索条件　31-34, 42

現代漢語平衡語料庫　8

現代日本語書き言葉均衡コーパス　8,
197

コアデータ　31

語彙素　37

語彙的意味　15

行為者　20, 143, 145, 146, 149, 150,
152-159, 161, 163, 166, 167, 171, 173-
175, 177, 181, 183, 184, 191

行為者意図性なし　152, 157, 159, 163,
169-172, 174, 177-181, 183, 184, 191

行為者特定困難　152, 154-156, 159,

163, 169-172, 174, 177-181, 183, 184,
191

行為者不在　152, 163, 169-171, 177-
180, 183, 184, 191

行為者不特定多数　152, 156, 157, 163,
169, 170, 172, 175, 178-180, 182, 191

行為変化　65, 118, 119, 122, 127, 129

構成要素　10, 51, 54, 55

後置数量定詞　40

構文　5, 17, 18, 25, 28, 29, 52, 68, 70,
72, 75, 133-135, 137, 177

コーパス　1, 8, 9, 11, 25, 29-33, 38, 55,
87, 195

コーパス言語学　195

事柄　55, 56, 59, 63, 64, 88, 93, 96, 106,
111, 118, 120, 123, 126, 127, 166, 183

事名詞　1, 7, 54, 55, 57-59, 61, 85, 87,
93, 94, 97, 102, 104, 112, 115, 116, 130,
189, 190, 193, 196

コマンドプロンプト　37, 47

固有名詞　16, 22, 39, 194

コレスポンデンス分析　1, 2, 6, 11, 62,
67-70, 73, 74, 85, 87, 88, 98, 99, 116-
118, 121, 130, 193, 194, 196

さ

再帰構文　70, 71

再帰出現　61, 62, 88-90, 95, 97, 99,
100, 104, 105, 107-110, 113, 114

再帰性　70, 71, 74-76, 78, 79, 82-85,
89, 90, 99, 100, 102, 115, 189, 194

再帰的表現　70

再帰変化　61, 88-90, 95, 99, 100, 104,
105, 108-111

サブコーパス　8, 9, 30, 31, 192

作用　23, 59, 60, 63, 64, 88, 96, 106, 111, 118, 120, 123, 126, 127, 138, 151, 189

三人称小説　161

参与者　166

時間詞　40

時空　59, 60, 63, 64, 88, 90, 92, 96, 100, 102, 105, 109, 111, 118, 120, 121, 123, 124, 126, 127

指示詞　39

指示数量詞語句　39, 40

事象変化　191

自然現象名詞　22

自然自律　55, 57, 67-69, 71, 73-78, 84, 85, 189

自然の力の名詞　16, 22

自然物　10, 28, 58, 63, 88, 90, 95, 100, 104, 105, 108, 153

自然名詞　15, 194

思想学問　60, 61, 64, 65, 88, 90, 91, 96, 97, 106, 112, 113, 118, 123, 124, 129

シソーラス　10

質的尺度　165, 168

質的データ　68

視点　1, 2, 17, 19, 20, 27, 108, 125, 143, 155, 161, 182, 191

視点統一　19-21, 143, 145-148, 163, 168-170, 172, 173, 175, 176, 178-180, 182, 184, 191

自動詞　11, 27, 28, 37, 47, 48

地の文　161

社会変化　65, 66, 118-122, 126, 129, 130, 190

遮断動詞　133, 135

ジャンル　8, 30

集合名詞　10

修飾語　26

従属的な結びつき　51

充満動詞　133, 134

受影性　72-74, 76, 78, 80, 81, 83-85, 189, 194

主格　7, 10, 11

主格標識　35

主格名詞　7, 8, 11, 22, 25, 27-29, 31, 33-35, 42, 47, 51, 52, 54-58, 61-63, 67-71, 73, 75-78, 87, 88, 90-93, 95-98, 100-104, 106, 108, 109, 112-118, 121, 125, 127, 133-138, 145, 189, 190, 192

主語　5, 6, 10, 11, 13-20, 22, 23, 28, 29, 51-53, 134, 137, 143-153, 157, 159, 163, 167, 174-177, 181, 183, 184, 191, 194

授受表現　27, 37

主成分分析　68

主題　23, 31

出現　7, 8, 11, 61, 62, 95, 96, 102, 105, 106, 196

出現形　41, 48

出現動詞　54

述語　6, 7, 18, 28, 41, 51, 52, 100, 189, 197

受動的な文　17, 18, 137

受動表現　137

上位語　20

使用実態　8, 31, 195

焦点化　19-21, 143-146, 148, 149, 163, 169, 170, 172, 177, 179, 180, 182, 191

植物　10, 56-59, 83, 90, 95, 100, 104,

105, 108, 153

植物自律　55, 56, 67, 69, 70, 72, 74-76, 82, 85, 189

植物名詞　28

助詞　29

助辞　29

叙述　20, 26, 143, 144, 149

所属関係　70, 75, 196

所属関係の文　17, 18

所属物　62, 70

助動詞　37, 41-44, 46-48, 62, 136

所有動詞　133, 138, 139

親族名詞　16, 22, 194

身体　56-60, 64, 85, 87, 90, 95, 100, 104, 105, 108, 161, 162

身体自律　55, 56, 67, 69, 71, 73-76, 81, 82

身体他律　56, 67-69, 73-76, 81, 82

身体名詞構文　18

心的生産物　97, 112

心理活動　60, 64, 88, 96-98, 100, 106, 112, 117, 118, 123, 128

心理動詞　133, 138, 139

心理変化　65, 117-119, 122, 123, 126, 127, 129, 130, 190

数詞　39, 40

生産　54, 57, 58, 61, 62, 65, 67-72, 74-79, 81-85, 103, 189

生産物　10, 28, 70, 75, 129, 190

静的描写　133, 136

生理活動　60, 64, 88, 96, 97, 106, 112, 114, 118, 120, 121, 123, 127, 128

生理変化　65, 118, 119, 127, 129

接触　57, 58, 67-74, 77, 79-82, 84, 133,

159

接続詞　26, 37

接頭辞　39, 40

接尾辞　39, 40

説明変数　165, 166, 168-173, 178, 179, 183, 184

線形回帰分析　165

先行文脈　18, 19, 143, 144, 148-150, 163, 176

選択条件　12

相関関係　169-171, 179, 183, 184

相関行列　169, 170, 179

相関係数　169, 170

組織機関名詞　22

組織名　10

た

対格標識　35

対格名詞　1, 7-9, 11, 22, 25, 28, 29, 31, 33-35, 42, 47, 51-55, 57-59, 61-63, 67, 68, 70-72, 75, 84, 85, 87, 90, 91, 93, 100-102, 115-117, 130, 133, 134, 150, 168, 189, 190, 192, 193, 196

大規模コーパス　2, 9, 32, 67, 87, 117

対照研究　1, 2, 8, 9, 21, 32, 192, 195

対照言語学　196

対象出現　61, 62, 88, 89, 95-97, 99, 105, 106, 112, 113, 116, 190

対象物　58

対象変化　61, 88, 89, 95-97, 99, 106, 107, 112-114, 116, 190

対比　23

代名詞　16, 22

対訳コーパス　2

201

タ形　　160, 161

多重共線性　　169-171, 179, 180

他動詞　　5, 7, 8, 10, 11, 13-15, 18, 19,
　　25, 27-29, 31, 34, 37, 38, 42, 43, 47, 53-
　　56, 137, 143, 145, 146, 149, 157, 192,
　　196

他動性　　1, 7, 13, 17, 18, 21, 23, 25-27,
　　51, 68, 133, 137, 163, 191

多変量解析　　1, 2, 164, 194

ダミー変数　　172

他律性　　85

単位切り　　31, 33, 38

短単位　　33, 34, 38

単文　　6, 147

地名　　10, 16, 22, 39

地名名詞　　194

中項目　　10, 28

抽象的関係　　10, 28, 59, 63, 88, 90, 92,
　　96, 100, 102, 105, 106, 108, 111, 118,
　　120, 121, 123-127

抽象度　　92

抽象動詞　　63

抽象物　　58, 59, 63, 90-96, 101, 102,
　　104-106, 115, 190

抽象名詞　　13, 14, 16, 22, 62, 136

長単位　　33, 34, 38-42

直喩　　26

陳述的な結びつき　　51

定詞　　40

定数項　　171

定名詞　　26

デ格名詞　　57, 167

テンス　　162

同格型　　152

同格成分　　26

道具　　20, 56-59, 63, 83, 90, 100, 145,
　　146, 149, 152, 163, 166, 167, 173, 180,
　　184, 191

道具他律　　56, 67, 69, 71, 73-76, 83, 84

道具名詞構文　　18

統計手法　　6, 9, 11, 12, 62, 67, 68, 164,
　　165, 184, 185, 194

統計ソフトウェア　　88, 118

統計的アプローチ　　195

動作者　　16

動作主　　145, 194

動詞連体形　　25

倒置主語文　　7

動的イメージ　　95, 105, 109

動的描写　　133

動物名詞　　16, 22, 194

取り立て　　26

な

内面性　　120, 122-124, 130, 190

2値変数　　165, 168

日中対照　　15, 193-196

日中比較　　10, 165

人間活動　　10, 28, 59, 60, 63, 64, 88, 90,
　　91, 96, 97, 100, 102, 105, 106, 108, 112-
　　115, 117, 118, 120, 121, 123-125, 127-
　　130, 190

人間名詞　　16, 22, 194

人称代名詞　　16, 194

能格構文　　193

能動形　　137

能動的な文　　17, 18, 133

は

バイアス　2, 168
媒体　31, 32, 41
場所詞　40
話し手　16, 23
パラメータ　2, 169, 170
非謂形容詞　40
非過去形　177
非コアデータ　31
被修飾語　26
非情物主語　196
非所属関係の文　17
被所属物　62
非線形回帰分析　165
ビッグデータ　2
必須項　28, 29
人名詞　1, 7, 54, 55, 57, 63, 85, 116, 117, 130, 190, 193, 196
非標準化　171, 180
比喩的な表現　52, 53
表現効果　12, 19-21, 143-146, 152, 157, 163, 165, 167, 191
表層　22, 154, 158
品詞　31, 33, 35, 37-41, 43, 47, 48, 194
副助詞　26, 37
複文　6, 146
物質　55, 57, 58, 78, 90, 94, 104, 137, 138
物質自律　55, 57, 67, 69, 71, 72, 74-76, 78, 79
不定性　26
部門　10, 28
文構造　7, 8, 192, 196

文章レベル　1, 6-8, 11-13, 18, 20, 21, 25, 85, 116, 131, 141, 143, 145, 163-165, 167, 168, 178, 183-185, 189, 191, 192, 196
文法機能レベル　10, 11
文脈展開機能　12, 143-147, 152, 163, 165, 167, 168, 191
分類語彙表　10, 28, 196
文レベル　1, 6-9, 11, 13, 15, 18, 20, 21, 25, 31, 49, 51, 52, 67, 85, 87, 116, 117, 131, 133, 143, 145, 167, 185, 189, 191, 192
並立助詞　26
変化　7, 19, 20, 23, 53, 57, 58, 61, 62, 65-74, 76-80, 83, 84, 94-96, 101, 102, 110, 111, 115, 120, 121, 123, 124, 127, 130, 133, 144, 145, 149, 172, 180, 190
変数　2, 9, 34, 42, 54, 55, 68, 70, 166, 168-184
包囲動詞　133, 134
補語相当成分　8
補集合　171
補足節　168
翻訳調　9
翻訳文　9

ま

無生物主語　17, 138
無生物主語受身文　6, 12, 20, 21, 145, 166, 167, 184
無生物主語自動詞文　6, 12, 20, 21, 145, 166, 167, 184
無生物主語他動詞文　1, 5-7, 9-21, 23, 25-28, 33, 51-54, 67, 76, 84, 85, 87, 88,

203

115-118, 121, 124, 130, 133, 136, 139, 143-146, 152-154, 156-158, 163-169, 171-178, 181-185, 189-197

無生物名詞　5, 13-16, 18, 19, 22, 28, 134, 137, 143, 149, 150, 153, 157, 163, 177, 183, 194

無標　194

名詞句　39, 116, 190

名詞句階層　1, 13, 15-18, 21, 22, 51, 116, 117, 130, 190, 193, 194

名詞語句　33, 38, 39

メタデータ　9

目的語　6, 10, 11, 16-18, 28, 52, 194

目的変数　165, 166, 168, 169, 171, 172, 178

文字列　33, 34

文字列処理　34

モダリティ　196

モデル　165, 166, 178

物語文　161

物名詞　1, 7, 9, 31, 54, 55, 57, 59, 62, 67, 68, 84, 85, 87, 116, 130, 133, 168, 189

や

有意　121, 177, 182

有意性　173

有生物主語他動詞文　6, 12, 20, 21, 145, 166, 167, 173-177, 180-182

有生物名詞　28, 37, 48

有対他動詞　18

有標　7, 27, 37

様相　59, 60, 63, 64, 88, 100, 102, 105, 111, 118, 120, 121, 123, 124, 126, 127

読み手　19, 150, 154, 155, 160

ら

ラベル　87, 89, 117

ラング　9

離脱動詞　11, 27, 28

量詞　39, 40

量的尺度　165, 168

量的分布　6, 9

理論言語学　195

臨場感　160, 161, 163, 177

臨場感演出　152, 160, 163, 169, 170, 172, 177, 179-181, 183, 184, 191

累加型　152

類義語　20, 147

累積寄与率　69, 73, 88, 98, 118, 122

ル形　160, 161, 177

歴史的現在　160

レジスター　30, 31, 192

列挙　108, 125, 146, 151, 152, 163, 169, 170, 172, 177, 179, 180, 182, 191

連語　51, 52, 54, 57, 80, 81, 83, 85, 113, 189, 196

連語論　51-53, 61, 133, 136-138, 196

連語論的アプローチ　1, 6, 10, 11, 21, 22, 51, 52, 63, 70, 85, 116, 130, 133, 136, 193, 196

連鎖事象　146, 149-151, 163, 169, 170, 172-174, 178-180, 182, 184, 191

連続性　92, 111

連体詞　25

連体修飾成分　7, 23, 25, 145

連体節　6, 7, 167

連用節　6, 7

ロジスティック回帰分析　　2, 12, 164-
　166, 168, 171, 172, 177, 180, 184, 191
ロジット変換　　165

アルファベット

BCCWJ　　8, 9, 30-34, 37, 38, 40, 41, 47,
　145, 166
corresp 関数　　68, 88, 118
Mplus　　171

P 値　　171-173, 180
Perl　　9, 32, 34, 38, 41, 167
R　　68, 88, 118
R-Square　　178, 183
SINICA　　8, 9, 31, 32, 38-42, 47, 48,
　145, 166
TSV 形式　　41
TSV データ　　34, 37, 42

著者紹介

麻　子軒（ま　しけん）

台湾生まれ。大阪大学大学院文学研究科博士後期課程修了。博士（文学）。関西学院大学日本語教育センター非常勤講師などを経て、現在、関西大学国際部国際教育センター特任常勤講師。専門分野はコーパス言語学、日本語学、日本語教育学。主に日本語と中国語の大規模コーパスを統計的アプローチで解析し、日中言語間の異同を考察した上で、その知見を日本語教育に応用する研究をしている。また、近年はゲームコーパスの構築や学習用ロールプレイングゲーム（RPG）の制作など、ゲームを日本語教育に活かす研究にも取り組んでいる。著作・論文に「一対比較法による日本語名詞句階層の測定」（『現代日本語研究』10, 2018）、「計量的アプローチによる役割語の分類と抽出の試み—テレビゲーム『ドラゴンクエスト3』を例に—」（『計量国語学』32(2), 2019）、「テレビゲームコーパスの構築とその利活用」（『言語資源ワークショップ発表論文集』, 2022）など。

ホームページ：https://kenjima.net/

無生物主語他動詞文の日中対照研究
大規模均衡コーパスと多変量解析を用いた新たなアプローチ

2024年11月8日　発行

著　　者	麻　子軒	
発 行 所	関西大学出版部	
	〒564-8680 大阪府吹田市山手町3-3-35	
	TEL 06-6368-1121(代)／FAX 06-6389-5162	
印 刷 所	尼崎印刷株式会社	
	〒661-0975 兵庫県尼崎市下坂部3-9-20	

©Tzuhsuan MA 2024 Printed in Japan
ISBN978-4-87354-787-9 C3080　落丁・乱丁はお取替えいたします

JCOPY ＜出版者著作権管理機構委託出版物＞

本書の無断複製は著作権法上での例外を除き禁じられています。複製される場合は、そのつど事前に、出版者著作権管理機構（電話03-5244-5088、FAX 03-5244-5089、e-mail：info@jcopy.or.jp）の許諾を得てください。